AF408023

Un Viaje Fascinante a los Dioses de Egipto

De Ra a Osiris

Sumario

Introducción

Bienvenido a un fascinante viaje a través del tiempo, donde los dioses del antiguo Egipto cobran vida en las páginas de este libro. Antes de sumergirnos en la rica mitología que cautivó a una civilización milenaria, es crucial entender el contexto que dio forma a estas creencias divinas.

Egipto, una tierra donde el río Nilo serpentea como la columna vertebral de la civilización, fue testigo de una historia que se entrelaza con la magia de sus dioses y diosas. En las orillas de este majestuoso río, floreció una civilización que no solo dejó huellas en la arena del tiempo, sino que también forjó un panteón de deidades que desafiaron las expectativas humanas.

La historia de Egipto se teje con hilos de poderosos faraones, intrincadas jeroglíficos y monumentos imponentes que se alzan como testigos silenciosos de una era perdida. Desde la espléndida construcción de las pirámides hasta las complejas jerarquías sociales, cada faceta de la vida egipcia estaba impregnada de un profundo respeto por lo divino.

En el corazón de esta narrativa mística se encuentran los dioses y diosas que gobernaron el cielo, la tierra y el inframundo. Sus historias, tan humanas en sus emociones y conflictos, nos ofrecen una ventana única para comprender no solo la mitología egipcia, sino también la esencia misma de una cultura que ha perdurado a lo largo de los milenios.

Prepárate para sumergirte en un relato que desentraña los misterios de Osiris, la sabiduría de Thot y la majestuosidad de Ra. Este libro no solo busca explorar mitos olvidados, sino también presentarlos de manera accesible, para que tanto el erudito como el curioso encuentren aquí un lugar donde las leyendas egipcias cobren vida.

Adéntrate con nosotros en las arenas del tiempo, donde los dioses antiguos tejen sus historias, y descubre el legado perdurable y fascinante de la mitología egipcia.

Antiguo Egipto

El antiguo Egipto fue una civilización de la Antigüedad que se originó en el cauce medio y bajo del río Nilo y tiene una historia de más de tres milenios. Se cree que es uno de los pilares de la civilización.

El nombre original del país, especialmente durante el Imperio antiguo fue Kemet, "tierra negra", por el color del limo fertilizante que cubría el valle a orillas del río Nilo durante las inundaciones anuales, en oposición a Deshret, por la arena del desierto del Sahara, que cubre la mayor parte del territorio egipcio.

Aunque ha cambiado a lo largo de los siglos, el área del antiguo Egipto generalmente se considera que abarcaba desde el delta del Nilo en el norte hasta Elefantina, en la primera catarata del Nilo en el sur. También tenía el control sobre el desierto oriental, la línea costera del mar Rojo, la península del Sinaí y una gran cantidad de oasis dispersos en el oeste. Históricamente, estaba compuesto por el Alto y el Bajo Egipto, que se encontraban al sur y al norte, antes de que se formara un estado unificado. Durante su mayor expansión, gobernó los reinos amorreos de Palestina y el norte de Siria, alcanzando el Éufrates medio, así como las jefaturas nubias del Sudán, llegando hasta el Jebel Barkal, en la cuarta catarata del Nilo. Su influencia cultural fue significativa en las comunidades cercanas e incluso en lugares distantes como Chipre, la costa de Anatolia y la península helénica.

La civilización egipcia ha existido durante más de tres mil años. Comenzó con la unificación de algunas ciudades del valle del Nilo alrededor del año 3200 a. C. y se considera concluida convencionalmente en el año 31 a. C., cuando el Imperio romano conquistó y absorbió el Egipto ptolemaico, lo que resultó en la desaparición del Estado. Aunque este evento no marcó el inicio de la dominación extranjera en Egipto, provocó un cambio gradual en la vida política y religiosa del valle del Nilo, marcando el final del desarrollo autónomo de su identidad cultural.

No obstante, después de las victorias sobre los persas y los macedonios en el siglo VI a. C. y el período de los Ptolomeos, esta había comenzado a disminuir gradualmente. Después de que el cristianismo se propagó entre los egipcios, Justiniano I ordenó que se prohibiera el culto a la diosa Isis, lo que puso fin a una religión que se mantuvo durante más de cuatro milenios. Sin embargo, el idioma egipcio, conocido como copto, continuó siendo utilizado, escrito en un alfabeto que proviene del griego, y los egipcios se unieron completamente al cristianismo, especialmente a la doctrina monofisita.

Una literatura copta, con un enfoque cristiano, surgió en ese momento y compilaba mitos, tradiciones y creencias de la antigua religión tradicional. La eliminación del copto y su reemplazo por el árabe, como parte de la islamización del país tras su conquista, marcó el fin de los últimos restos del Antiguo Egipto.

Situado en el África nororiental, Egipto tiene una combinación única de características geográficas. Está rodeado por Libia, Sudán y los mares Rojo y Mediterráneo. El éxito de la civilización egipcia se debió a que el río Nilo permitía el aprovechamiento de los recursos y ofrecía una ventaja significativa sobre otros países. El limo fértil depositado en los bancos del Nilo después de las inundaciones anuales permitió a los egipcios practicar una agricultura menos laboriosa que en otras áreas, permitiendo a la población dedicar más tiempo y recursos al desarrollo tecnológico, artístico y cultural.

El desarrollo de un sistema de escritura y literatura autónomo, así como un cuidadoso control estatal sobre los recursos naturales y humanos, se caracterizaba principalmente por la irrigación de la cuenca fértil del Nilo y la explotación minera del valle y las regiones desérticas circundantes, la organización de proyectos colectivos como grandes obras públicas, el comercio con las regiones vecinas de África del este y central. Los escribas, una burocracia de élite sociopolítica y económica, estaban bajo el control del Faraón, un personaje semidivino de una sucesión de dinastías que garantizaba la cooperación y la unidad del pueblo egipcio en el contexto de un complejo sistema de creencias religiosas. Esta burocracia estaba a cargo de motivar y organizar estas actividades.

El comienzo de la civilización egipcia

Orígenes de Egipto

Se suele imaginar el antiguo Egipto como una tierra dominada por dioses, reyes y sacerdotes. Sus templos rebosan de imágenes de deidades y la religión asoma omnipresente a cuantos vestigios se han conservado de sus tres mil años de civilización. Y, sin embargo, poco se sabe sobre los mitos que encarnaba su concepción del mundo. Sólo existen testimonios escritos a partir del 2000 a. C, si bien hay representaciones y alusiones pictóricas muy anteriores a esta fecha: los reyes de la II dinastía reflejaron sus enfrentamientos en el conflicto entre Horus y Set.

Los mitos revestían menor importancia que el culto a los dioses, una actividad estatal esencial que se llevaba a cabo en templos a los que sólo podían acceder el monarca y los sacerdotes. Si el culto se celebraba debidamente, el país prosperaba. El servicio divino se centraba en el cuidado cotidiano de las imágenes de los dioses en sus santuarios. El pueblo raramente participaba en las ceremonias, salvo como espectadores de las festividades en las que las deidades «se visitaban» entre sí y las llevaban en procesión, a veces por el río. Los primeros templos consistían en edificios muy sencillos rodeados por cercas, pero aumentaron en número y complejidad cuando empezaron a establecerse relaciones entre los dioses más antiguos.

Los mitos se desarrollaron al hacerse más complejas estas relaciones. Como no se consideraba correcto una sola versión de cada mito, su contenido se adaptaba a diversas circunstancias y así, por ejemplo, en la Época Baja se transformó el papel de Set, que se convirtió en enemigo de los dioses y fue aniquilado ritualmente.

Egipto revelado por Heródoto

Egipto, como decía el historiador griego Heródoto al visitar el país en 450 a. C, fue "un obsequio del Nilo". Ello ocurría debido a la inundación anual, la subida de las aguas del Nilo en julio, que extendían el fértil lodo por las tierras y daban vida al país, que sin el Nilo y sus inundaciones no podría haber existido. Fue esta regularidad, pese a temporadas de escaso caudal -de hambrunas- o de exceso de caudal -de desastres, si los dioses estaban enojados o enfurecidos-, lo que dio estabilidad a las antiguas ideas egipcias sobre la vida y la muerte. El concepto de Maat, diosa que encarnaba la estabilidad y la ley, gobernaba, por tanto, todas las facetas de la vida y la religión egipcias.

Los egipcios consideraban la existencia de una vida de ultratumba, Jerneter o los Campos de Iahru (los Campos Elíseos en la mitología griega), pero no la localizaban arriba en el cielo sino en el oeste, en la región del sol poniente. Una de las advocaciones de Osiris, dios de la muerte, era la de "Primer Señor de los Occidentales". Para poder acceder a dicho ámbito ultra terreno, tenían que darse dos condiciones: la preservación del cuerpo -lo que dio pie a la momificación- y haber sido juzgado como una persona justa {Maat beru, "de voz veraz") por los 42 dioses en la Sala del Juicio, cada uno de los cuales planteaba al difunto una pregunta cuya respuesta verdadera tenía que ser "no". Este rito se conocía como la Confesión Negativa.

Entre los vendajes de la momia se incluía un escarabajo de dura piedra verde, que llevaba inscrito el capítulo 30 A o B del Libro de los Muertos, "De cómo mi corazón no dirá falsedades contra mí en la Sala del Juicio". En algunos de los mitos, aparecen otros dioses y diosas, pero carecen de un trasfondo mítico individual.

Desde los tiempos clásicos de Grecia y Roma, la religión del antiguo Egipto ha sido fuente de asombro e incredulidad, incluso hoy en día. Aunque el mundo clásico contaba con un amplio panteón de dioses, con Zeus (Júpiter en el mundo romano) a la cabeza, así como el antiguo Egipto (con Amón-Ra al frente de los dioses), fue el carácter con forma de animal de los dioses egipcios lo que causaba inquietud.

Heródoto también expuso que en Egipto los

animales "se tienen que considerar sagrados sin excepción", pero no abordaba los principios religiosos que ello implicaba.

La mitología egipcia tiene, de hecho, un enfoque eminentemente hermético; no hay muchos mitos en comparación con los del antiguo Oriente Próximo y los de posteriores civilizaciones mediterráneas. Esencialmente, los mitos egipcios se ocupan de la Creación, la Destrucción de la Humanidad, la historia de Isis y Osiris, las Contiendas entre Horus y Seth, y el viaje del dios solar Ra por el cielo diurno y después a través de las 12 terribles horas de tinieblas nocturnas para renacer al alba, ya a salvo, en el este.

El alto y el bajo Egipto

Las dos regiones que integraban el Estado egipcio, el Alto y el Bajo Egipto tuvieron una importancia crucial en la vida política y religiosa.

El pensamiento egipcio se basaba en el dualismo: no se daba la auténtica unión sin la subdivisión, y antes de la creación eran los tiempos «anteriores a que hubiera dos cosas».

El país no se conocía por un solo nombre y se denominaba «las Dos Tierras».

Horus se asociaba con el Bajo Egipto y Set con el Alto Egipto, mientras que Nekhbet, la diosa-buitre de Nekheb, y Uadjet, la diosa-cobra de

Buto, estaban relacionadas con la monarquía.

En el Alto Egipto, con centros tan importantes como Tebas, se ha encontrado la mayor parte de los testimonios para la reconstrucción de los mitos, pero algunas regiones del Bajo Egipto, como la que rodea a Menfis, revisten también gran importancia.

Según las pruebas arqueológicas, los primeros pobladores de Egipto se establecieron alrededor del VI milenio a. C., durante el Neolítico. La población egipcia se basa en el río Nilo desde que los nómadas cazadores-recolectores comenzaron a habitar sus orillas durante el pleistoceno. Los objetos y signos grabados en las rocas a lo largo del valle del Nilo y en los oasis representan los rastros de estos primeros pobladores.

En el XI milenio a. C., una cultura de recolectores de grano fue reemplazada por otra de cazadores, pescadores y recolectores que usaban herramientas de piedra a lo largo del Nilo. En el sudoeste de Egipto, cerca de la frontera con Sudán, antes del 8000 a. C., también se establecieron asentamientos humanos. Según la evidencia geológica y los estudios climatológicos, los cambios climáticos comenzaron a desecar las tierras de caza y pastoreo de Egipto alrededor del 8000 a. C., creando gradualmente el desierto del Sahara. A consecuencia de esto, las tribus de la región se agruparon cerca del río, construyendo pequeñas aldeas con una economía agrícola. En el este del Sahara, en el VII milenio a. C., hubo pastoreo y cultivo de cereales.

Alrededor del 6000 a. C., la agricultura organizada y la construcción de grandes poblaciones ya habían aparecido en el valle del Nilo. En el sudoeste, trabajaban tanto en la construcción como en la ganadería. En el 4000 a. C., ya se usaba el mortero de cal. El periodo predinástico comienza con la cultura de Naqada.

Los pequeños asentamientos a lo largo del Nilo florecieron entre el 5500 y el 3100 a. C., durante el periodo Predinástico. En el año 3300 a. C., Egipto estaba dividido en dos reinos: Alto Egipto (Ta Shemau) y Bajo Egipto (Ta Mehu). El límite entre ambos estaba en la región actual de El Cairo, al sur del delta del Nilo.

La historia de Egipto como Estado unificado comienza con Menes (Narmer) alrededor del 3050 a. C., quien unió el Alto y el Bajo Egipto y fue su primer rey. En casi tres mil años, la religión, la creación artística, la arquitectura y la estructura social de Egipto fueron muy estables y apenas cambiaron.

En esa época se inicia la cronología de los reyes egipcios. La cronología convencional se utilizó durante el siglo XX, sin tener en cuenta las revisiones posteriores. Los arqueólogos ofrecen con frecuencia varias fechas e incluso varias cronologías, incluso en un mismo trabajo, por lo que puede haber discrepancias entre las fechas mostradas en las diferentes fuentes. Las transcripciones de los nombres también están disponibles. La egiptología tradicionalmente organiza la historia de la civilización faraónica en dinastías, basándose en los epítomes de la Aigyptiaká (Historia de Egipto), escritos por el sacerdote egipcio Manetón.

Sociedad Egipcia

La estructura social en el antiguo Egipto se

caracterizaba por una jerarquía compuesta por tres niveles distintos:

- **Faraón**: Investido del derecho divino, el faraón detentaba todos los poderes a través de la mediación de Horus.

- **Altos Funcionarios**: Este estrato incluía sumos sacerdotes y escribas, desempeñando roles de gran relevancia en la administración y la espiritualidad.

- **Pueblo**: Englobando a campesinos, artesanos y otros grupos, el pueblo constituía la base de la sociedad egipcia.

Gobierno y Política en el Antiguo Egipto

La política en el antiguo Egipto se caracterizaba por la organización en dos reinos, el Alto y el Bajo Egipto. Sin embargo, alrededor del año 3000 a.C., estos dos reinos se unificaron bajo un solo gobierno monárquico, absolutista y teocrático.

- Monárquico: Egipto estaba gobernado por un solo rey, consolidando el poder en manos de una única autoridad.

- Absolutista: El faraón, investido de autoridad divina, ostentaba un dominio absoluto sobre el reino, controlando todos los aspectos de la vida egipcia.

- Teocrático: El faraón, considerado un dios en

la tierra, personificaba la conexión entre lo divino y lo terrenal.

El faraón, como representante de los dioses, reclamaba posesión sobre todo Egipto, incluyendo tierras, cosechas y el comercio. Entre sus diversas funciones se encontraban la promulgación de leyes, la organización del ejército, la dirección de la vida religiosa, la administración de la justicia y la distribución de alimentos a la población. De este modo, el faraón no solo gobernaba, sino que también personificaba la estabilidad y prosperidad del reino.

Organización del Estado en el Antiguo Egipto

Poder Absoluto del Faraón

Desde tiempos predinásticos, el Faraón, encarnación del dios Horus en la tierra, poseía un poder absoluto sobre los mortales. Se le reconocía como dueño de todo Egipto, incluyendo tierras, cosechas, armas y población. El faraón designaba personalmente a visires, sacerdotes, generales y otros altos cargos.

Una manifestación de este poder absoluto del faraón es el arte. La conexión entre arte y poder político se establece desde los albores de la historia, donde las ideas y posiciones políticas imperantes sirven como motivación principal para la creación de numerosas obras artísticas con un claro propósito propagandístico.

Bajo este enfoque, el motivo de la obra se erige como su fundamento esencial, determinando parámetros como la distribución de imágenes en el plano o superficie utilizada, los tamaños de las imágenes representadas según un orden jerárquico basado en la importancia de los personajes, y la utilización de ciertas formas como síntesis del concepto a transmitir.

La incorporación del arte con fines propagandísticos fue una práctica común. Durante el Imperio Nuevo, era frecuente representar las campañas militares hacia Nubia, Siria y Canaán en las sucesivas ampliaciones de los templos de Amón en Karnak. En este contexto, los pilonos consecutivos de dichos templos estaban adornados con relieves que mostraban al faraón reinante enfrentándose a enemigos asiáticos o nubios.

Derecho dinástico en el Antiguo Egipto

En el Antiguo Egipto, el concepto de derecho dinástico no se basaba en una estructura legal escrita, sino en la creencia en la divinidad del faraón y la transmisión de este estatus a través de la línea femenina de la casa real. Aquí hay algunos puntos clave relacionados con el derecho dinástico en el contexto egipcio:

1. Transmisión de la divinidad:

Se creía que el faraón, como Horus vivo, sostenía el orden cósmico (maat) y poseía un poder absoluto.

La divinidad se transmitía a través de las mujeres de la casa real, lo que llevaba a matrimonios entre hermanos e incluso entre padres e hijas para asegurar la continuidad de la divinidad en la línea sucesoria.

El heredero al trono se nombraba corregente y se consideraba portador del derecho divino.

2. Voluntad divina y sucesión:

No existía un sistema formal de derecho dinástico, y la sucesión al trono se justificaba como "voluntad divina". Si un hijo de esposas secundarias se convertía en heredero, se consideraba también resultado de la divinidad.

La ceremonia de coronación, llevada a cabo en Menfis, implicaba ascender al heredero al rango de dios y entregarle los atributos del poder, como el cayado y el látigo.

3. Ceremonia de coronación:

Durante la coronación, el faraón era tocado primero con la corona blanca del Alto Egipto, luego con la roja del Bajo Egipto, y finalmente con una combinación de ambas, simbolizando la unificación de las Dos Tierras.

Se sentaba en un trono hecho con papiros (símbolo

del norte) y lotos (símbolo del sur).

4. Vida oficial del faraón:

El faraón, considerado dios e hijo de dioses, tenía la responsabilidad de ejercer el culto y supervisar todos los aspectos del gobierno.

Personalmente nominaba sacerdotes y funcionarios de alto rango, vivía bajo una rígida etiqueta y cumplía con obligaciones asfixiantes en su vida oficial.

El sistema de sucesión y la legitimidad del faraón estaban arraigados en la cosmovisión religiosa egipcia, donde la divinidad y la continuidad del orden cósmico eran fundamentales.

Unificación y División Administrativa

La unificación del Alto y Bajo Egipto en la época de Narmer marcó el inicio de la cultura egipcia, aunque persistió la división administrativa. A pesar de la fusión, se conservaron símbolos de la antigua dualidad, destacando la doble corona. El faraón, como dueño absoluto de la tierra, tenía derecho a los frutos, aunque en ocasiones cedía tierras a templos o particulares.

Distribución de Tierras y Control

El faraón podía otorgar tierras como pago de cargos o como premio condicionado. Las tierras subarrendadas a campesinos eran comunes, y la recaudación de impuestos involucraba a numerosos funcionarios. Se realizaban censos frecuentes, donde cada individuo pagaba impuestos en forma de trabajo, grano, animales o productos artesanales.

Sacerdotes

Los sacerdotes desempeñaban un papel central en la vida religiosa y social del Antiguo Egipto, siendo responsables de mantener la armonía universal, conocida como "maat". Formaban parte de la élite dirigente junto con los escribas y la aristocracia. A continuación, se destacan algunos aspectos clave sobre los escribas y sacerdotes en la sociedad egipcia:

1. Escribas:

Los escribas eran fundamentales en la administración egipcia, desempeñando diversas funciones como levantar actas de juicios, llevar registros de almacenes, supervisar impuestos, redactar cartas y contratos, y escribir las leyes del faraón.

Eran respetados y admirados, con la posibilidad de ascender socialmente fácilmente después de completar sus estudios en la "Casa de la Vida".

Formaban la base del funcionariado, siendo esenciales para el funcionamiento de la administración egipcia.

2. Sacerdotes:

Los sacerdotes eran delegados del faraón, considerado un dios viviente. Su deber era realizar ofrendas, procesiones y ceremonias para mantener el orden cósmico.

Solo las oraciones y ofrendas de los sacerdotes eran consideradas eficaces para mantener la maat, y se les representaba realizando ceremonias en los templos.

Los templos albergaban una gran cantidad de servidores, incluyendo escribas, médicos, artesanos, campesinos, auxiliares, bailarinas y músicos.

La jerarquía de sacerdotes incluía lectores, puros, profetas, y el Sumo Sacerdote de Amón, designado personalmente por el faraón. El Sumo Sacerdote tenía un gran poder político y títulos como "Jefe de los secretos del cielo" o "Jefe de los sacerdotes de todos los dioses".

Los sacerdotes podían casarse, llevar una vida similar a los ciudadanos ricos, pero tenían restricciones como vestir de blanco, depilarse regularmente y abstenerse de relaciones sexuales durante los períodos de culto.

La figura del sacerdote era crucial en la sociedad egipcia, y la institución sacerdotal, considerada creada directamente por los dioses, perduró a lo largo de los tres milenios de la civilización egipcia.

La divinidad del faraón llevó al gran poder de los

sacerdotes personalmente designados por él para representarle en el culto.

Culto a los Dioses y Cambios Religiosos

Cada dios egipcio estaba representado en lo más íntimo de los templos, encarnado en una estatua que el faraón o, en su ausencia, el sacerdote debía atender diariamente. Amenhotep IV intentó una reforma radical proclamando la abolición de los dioses a favor de uno solo, Atón, una manifestación de Ra. Sin embargo, esta tentativa de monoteísmo no tuvo éxito; el faraón se autoproclamó como el único intermediario entre Atón y la humanidad, debilitando el papel del sacerdocio. Las reacciones fueron adversas, y su hijo Tutankamón, educado por la casta sacerdotal, restauró el culto al panteón completo después de la muerte de Amenhotep IV.

La proximidad al dios y la posibilidad de convertirse en uno de ellos era el anhelo supremo para los egipcios después de la muerte. Esta unión se lograba si el difunto superaba con éxito el Juicio de los Muertos y poseía un cuerpo incorrupto para albergar su alma. Castigar los cuerpos al agua o al fuego, como se hizo con los cómplices del intento de golpe de Estado del Príncipe Pentaur, era considerado uno de los peores castigos.

Ejército: Organización y Equipamiento:

Egipto, inicialmente resguardado por la naturaleza

con el Nilo y el desierto, vio la necesidad de formar un ejército organizado, especialmente durante el Imperio Medio y el Imperio Nuevo, cuando las fronteras se volvieron inseguras y las campañas militares se volvieron necesarias.

Durante el Imperio Antiguo, el ejército, conocido como "mesha," se consideraba una "agrupación de fuerzas" que se reunían en caso de necesidad. Sus funciones incluían la protección de fronteras, el resguardo del comercio marítimo y la participación en proyectos de obras públicas. Sin embargo, durante el Primer Periodo Intermedio, la inestabilidad llevó a la creación de ejércitos privados por parte de gobernadores, y se adoptó la práctica común de contratar fuerzas mercenarias extranjeras.

En el Imperio Nuevo, tras la derrota de los hicsos, la dinastía XVIII emprendió campañas militares y conquistas que requirieron una organización más elaborada. El ejército incluía cuerpos de élite como la caballería y carros de guerra, aunque su uso estaba restringido al faraón y los nobles. La infantería constituía la principal masa de combatientes, organizada en divisiones, batallones y compañías.

En cuanto al armamento, las representaciones artísticas han proporcionado evidencia del uso de arcos, flechas, cimitarras, lanzas, mazas, hachas, puñales y escudos de cuero. Los comandantes provenían de familias de cierta categoría y recibían formación en la escuela de oficiales. Lograban prestigio y ascensos a través de su desempeño en batalla. La tropa, compuesta por nativos y mercenarios, tenía la esperanza de recibir tierras como recompensa, que podían heredar si tenían descendencia apta para el servicio militar.

Características Sociales del Ejército

La sociedad egipcia, caracterizada por su apacible aislamiento y la influencia del aparato religioso y administrativo del Estado, mostró una resistencia generalizada a enrolarse en el ejército. Ingresar en la tropa se consideraba un signo de baja extracción social, y solo aquellos en condiciones más precarias se unían a las filas, lo que llevaba a que la mayoría del ejército estuviera compuesta por extranjeros.

Esta reticencia a unirse al ejército puede atribuirse a la cultura egipcia, donde la población prefería mantenerse al margen de los conflictos militares y concentrarse en la vida cotidiana. Las narrativas históricas también reflejan esta tendencia, ya que los relatos se centran en exaltar la gloria del faraón, destacando sus victorias en lugar de detallar la vida y experiencias de las tropas. Un ejemplo de esto es el "Poema de Pentaur," que celebra la batalla de Kadesh en 1284 a.C. durante el reinado de Ramsés II, pero ofrece poca información sobre las vivencias de los soldados en sí.

Sistema Jurídico en el Antiguo Egipto

En el entramado del sistema jurídico egipcio, la figura central era oficialmente el faraón, investido con la responsabilidad de promulgar leyes, administrar justicia y mantener el orden público, concepto conocido por los antiguos egipcios como Maat. Aunque no existen códigos legales conservados del Antiguo Egipto, los documentos judiciales revelan que la ley egipcia se fundamentaba en una perspectiva de lo correcto e incorrecto guiada por el sentido común, priorizando la resolución de conflictos a través de acuerdos en lugar de adherirse rigurosamente a un conjunto complicado de estatutos.

Los consejos locales de ancianos, denominados kenbet durante el Imperio Nuevo, asumían la función de dictar sentencias en casos judiciales vinculados a pequeñas reclamaciones y disputas menores. Para casos más graves, como asesinatos, transacciones significativas de tierras y robos de tumbas, se remitían al Gran kenbet, presidido por el chaty o, en circunstancias excepcionales, por el faraón. Demandantes y demandados debían representarse a sí mismos y jurar decir la verdad. En algunos casos, el Estado desempeñaba el papel tanto de fiscal como de juez, y recurría a la tortura, mediante palizas, para obtener confesiones y nombres de posibles cómplices. Independientemente de la gravedad de los cargos, los escribas del tribunal documentaban la denuncia, el testimonio y el veredicto para referencias futuras.

Las sanciones para delitos menores incluían multas, palizas, mutilaciones faciales o el exilio, variando según la gravedad. Para delitos más serios, como asesinatos y robos de tumbas, la ejecución se llevaba a cabo mediante decapitación, ahogamiento o empalamiento del criminal en una estaca. A partir del Imperio Nuevo, los oráculos desempeñaron un papel significativo en el sistema legal, administrando justicia tanto en casos civiles como penales. Este proceso implicaba formular al dios oracular preguntas de "sí" o "no" sobre la moralidad de un asunto. Transportado por sacerdotes, el dios dictaba sentencia eligiendo una respuesta, avanzando o retrocediendo, o señalando una respuesta escrita en un papiro o en un óstraco.

Economía en el Antiguo Egipto: La Riqueza del Nilo

El sustento de la vida en el antiguo Egipto gravitaba en torno a la agricultura y la ganadería, con la existencia condicionada por los cultivos en las fértiles tierras bañadas por el río Nilo. Un intrincado sistema de diques, estanques y canales de riego se desplegaba por toda la extensión de tierras cultivables. A lo largo de las orillas del Nilo, los campesinos egipcios dedicaban sus esfuerzos a cultivar diversas clases de cereales, destacando especialmente el trigo, la cebada y el lino. El grano cosechado se almacenaba en graneros y se destinaba a la elaboración de pan y cerveza, conformando elementos fundamentales de la dieta cotidiana.

El Ciclo del Nilo

La agricultura se regía por el cíclico fluir del Nilo, compuesto por cuatro estaciones: la "perla blanca" marcaba la crecida del río, provocando una inundación beneficiosa y depositando lodo fértil; la "perla negra" señalaba la bajada del Nilo, dejando un barro negro en la orilla utilizado para la agricultura; la "esmeralda verde" indicaba el brote de las cosechas; y el "oro rojo" representaba la madurez de los sembríos.

Las tres estaciones, Akhet (inundación), Peret (siembra) y Shemu (cosecha), delineaban las actividades agrícolas a lo largo del año. Akhet, de junio a septiembre, marcaba la inundación y dejaba una capa de limo en los bancos, enriqueciendo la tierra. En Peret, de octubre a febrero, los agricultores esperaban hasta que el agua se drenara para arar y sembrar el suelo. Shemu, de marzo a mayo, presenciaba la cosecha, donde los agricultores recolectaban sus productos con hoces de madera.

Variedad en la Producción

En los huertos, los egipcios cultivaban guisantes, lentejas, cebollas, puerros, pepinos y lechugas, así como frutas como uvas, dátiles, higos y granadas. La cría de animales también desempeñaba un papel crucial en su economía, incluyendo cerdos, vacas, ovejas, cabras, gansos y patos.

Comercio y Prosperidad

La abundancia de alimentos permitía a los egipcios participar en un próspero intercambio comercial. Importaban productos como incienso, plata y madera de cedro de territorios extranjeros. El Nilo y el Mediterráneo eran las rutas principales para el transporte de estos bienes, contribuyendo al esplendor económico de Egipto.

A lo largo de aproximadamente tres milenios, el Antiguo Egipto ostentó el título de la nación más rica del mundo, cimentando su legado como una civilización floreciente y económicamente vibrante.

Economía y Agricultura en el Antiguo Egipto

Las pinturas en templos y tumbas ofrecen un vistazo a los esfuerzos dedicados a la agricultura, que constituía la columna vertebral de la economía egipcia. Los faraones emprendieron costosas obras de canalización para controlar las crecidas del Nilo, esenciales para la fertilidad de las tierras.

Las primeras canalizaciones datan del 3500 a.C., y en 1830 a.C., se estableció el primer plan de regadíos en el Bajo Egipto para garantizar reservas de agua y permitir cultivos en la estación seca.

Inicialmente, la tierra era propiedad real, pero donaciones posteriores generaron un régimen latifundista con arrendamientos anuales renovables. La estabilidad económica mantuvo condiciones inalteradas durante 3000 años: independientemente de la calidad de la cosecha, se debían entregar 7 u 8 khar (86 litros de grano) por cada arura (0.25 hectáreas) al arrendador o al recaudador del faraón.

Los cultivos incluían trigo, cebada, lino, higos, cebollas, lechugas, y la vid recibía especial atención para la producción de vino, cuidando detalles como la procedencia, el año de cosecha y el nombre del viticultor. La cerveza, hecha de cebada, también era común y asequible.

La tala de árboles estaba estrictamente prohibida sin permiso real, y los frutales solían encontrarse en jardines privados de familias adineradas. La economía egipcia estaba completamente intervenida por el Estado, que controlaba la agricultura, era dueño de minas, distribuía alimentos, recaudaba impuestos y supervisaba el comercio exterior.

Ciclo Agrícola en el Antiguo Egipto:

La vida en el Antiguo Egipto estaba fuertemente vinculada al ciclo agrícola, que se dividía en tres estaciones esenciales: Inundación, Siembra y

Cosecha. La gestión de estas estaciones, especialmente las crecidas del río Nilo, era fundamental para la prosperidad del país.

- Inundación:

Después de que los campos quedaran inundados y emergieran, los escribas se encargaban de medir y marcar las lindes. Posteriormente, el cabeza de familia araba la tierra con un arado de madera tirado por bueyes, mientras el resto de la familia sembraba el grano proporcionado por los almacenes del Estado. El ganado también se soltaba en la parcela para enterrar la simiente con las pezuñas.

- Siembra:

Mientras esperaban la cosecha, se supervisaban los canales de riego y se cuidaba del ganado, que incluía ovejas, cabras, bueyes y cerdos. La familia participaba en la siega, con el hombre usando una hoz de madera y pedernal, y mujeres y niños recogiendo las espigas. La cosecha se llevaba a la era, donde se trillaba con la ayuda de bueyes, y luego se transportaba a los silos públicos. La distribución de la cosecha incluía funcionarios, esclavos y obreros, y el excedente se almacenaba para enfrentar posibles malos tiempos.

- Cosecha:

Durante la estación de la inundación, los campesinos se ocupaban de limpiar los canales de riego y participaban en obras públicas cuando eran convocados.

La gran mayoría de la población trabajaba para el faraón, los templos y los nobles, contribuyendo a la construcción, decoración de casas, fabricación de muebles y tumbas. La agricultura y la gestión del agua eran fundamentales para la estabilidad y prosperidad del Antiguo Egipto.

Economía Egipcia: Almacenamiento y Sistema de Intercambio

La riqueza del Antiguo Egipto se sustentaba en los excedentes agrícolas. Después de la cosecha, los productos y ganados recolectados como impuestos se dirigían a los silos, que eran fundamentales en la estructura egipcia. Durante el Imperio Antiguo, los silos tenían forma cónica con una abertura en la parte superior, y en el Imperio Medio, evolucionaron hacia edificios cuadrangulares con aberturas en el techo que funcionaban como silos.

Estos silos desempeñaban diversas funciones vitales:

- Acumular reservas para tiempos de escasez.

- Pagar salarios a empleados del faraón, templos o nobles responsables del almacén.

- Distribuir semillas para la siguiente siembra.

- Vender excedentes al exterior.

Administrados rigurosamente por escribas especializados, los almacenes eran clave en la intervención estatal en asuntos económicos. Egipto carecía de moneda, y en la vida cotidiana se practicaba el trueque, valorado en unidades estándar. La maquinaria estatal y el almacenamiento de excedentes contribuyeron a mantener una economía estable sin aplicar las leyes de oferta y demanda, evitando diferencias de precios y logrando una sorprendente estabilidad económica sin inflación durante 30 siglos.

Canteros y Mineros en el Antiguo Egipto

Las canteras egipcias, ubicadas en el desierto, no operaban de manera regular, sino conforme a las necesidades de los proyectos en curso. El trabajo de los canteros era arduo: seleccionar bloques, transportarlos, tallar obeliscos y colocarlos podía llevar meses. Inicialmente, buscaban rocas sueltas de tamaño adecuado, aunque también excavaban galerías según las necesidades. El método evolucionó con la creación de caminos en pendiente para deslizar bloques en trineos, una idea innovadora del capataz Mery. El trabajo de cantero estaba en la parte baja de la escala artesanal, y muchos eran prisioneros de guerra.

El trabajo de los mineros era aún más desafiante. Para extraer minerales, calentaban la roca y la golpeaban a lo largo del filón. Los fragmentos se llevaban de las galerías de la mina para lavarlos y transportarlos. Dado que las minas estaban en el desierto y muchos mineros eran cautivos de guerra, el maltrato y la escasez de agua eran comunes, haciendo que la vida de los mineros fuera extremadamente difícil.

Comercio, Rutas y Expediciones Comerciales en el Antiguo Egipto

Amplitud y Variedad en las Transacciones Comerciales

La actividad comercial de los antiguos egipcios trascendía el simple intercambio de productos básicos; abarcaba expediciones destinadas a enriquecer los tesoros reales con bienes ornamentales, joyas y, sorprendentemente, la venta de esclavos, así como la disposición de cargos administrativos o de servicio en los templos.

Los Shutiu: Agentes Comerciales

En el Antiguo Egipto, los shutiu desempeñaban un papel crucial como agentes comerciales, llevando a cabo transacciones de compraventa en servicio de instituciones faraónicas como templos, el palacio real y grandes explotaciones de la corona. Estos intermediarios no solo se limitaban a vender a instituciones, sino que también comerciaban con esclavos, tanto a particulares como en transacciones independientes para beneficio propio.

Balat: Base de Operaciones en el Sahara

Las evidencias arqueológicas en la antigua ciudad de Balat, situada en pleno Sahara egipcio, revelan que esta localidad sirvió como base de operaciones y punto de abastecimiento para expediciones comerciales enviadas por los faraones hacia el corazón de África a finales del tercer milenio a.C. A través de unas 200 tablillas de arcilla y numerosas inscripciones, se ha documentado que estas expediciones, compuestas por aproximadamente 400 hombres, se embarcaban desde el oasis de Dajla con el objetivo de obtener un pigmento. Este valioso recurso, una vez adquirido, se transportaba mediante caravanas de regreso al valle del Nilo.

La Ruta Hacia el Corazón de África

La ruta comercial se trazaba desde tiempos inmemorables, testimoniada por depósitos de jarras distribuidos cada 30 kilómetros en el desierto, extendiéndose hasta Gilf el-Kebir en el extremo sudoccidental de Egipto. Aunque la extensión exacta de la ruta sigue siendo un misterio, la hipótesis más plausible entre los expertos sugiere que se dirigía hasta la zona del lago Chad. Este intrépido comercio transahariano no solo evidencia la sofisticación económica de los antiguos egipcios, sino también su capacidad para explorar y establecer conexiones en vastas regiones del continente africano.

Logros del Antiguo Egipto:

1. Topografía y Construcción:

Desarrollaron habilidades avanzadas en topografía para determinar la posición exacta de puntos y distancias entre ellos, especialmente aplicadas en la construcción de las pirámides.

Inventaron el mortero, una contribución significativa a la ingeniería de la construcción.

2. Riego y Agricultura:

Construyeron canales de riego para aprovechar el lago de El-Fayum, convirtiendo la zona en el principal productor de grano del mundo antiguo.

Utilizaron el lago natural de El Fayum como depósito para regular y almacenar agua para su uso durante las estaciones secas.

3. Explotación de Recursos:

Desde la primera dinastía, explotaron las minas de turquesas en la península del Sinaí.

4. Contribuciones a la Medicina y Matemáticas:

Crearon papiros como el de Edwin Smith y el de Ebers, que contienen conocimientos médicos avanzados y representan la evidencia más temprana del empirismo tradicional.

Desarrollaron un sistema decimal y fórmulas matemáticas complejas, evidenciadas en el Papiro de Moscú y el Papiro de Ahmes.

5. Escritura y Lengua:

Inventaron su propio sistema de escritura: los jeroglíficos, alrededor del cuarto milenio a.C.

6. Avances en la Fabricación de Vidrio:

Desarrollaron extraordinariamente la fabricación del vidrio, como se evidencia en numerosos objetos de uso cotidiano y adorno descubiertos en tumbas.

Se han descubierto restos de una antigua fábrica de cristal.

7. Navegación a Vela:

Alrededor del 3500 a.C., inventaron la navegación a vela, siendo la primera aplicación de una energía no animal a la locomoción.

Utilizaron esta invención exclusivamente durante unos 2100 años antes de que los fenicios documentaran su uso alrededor del 1400 a.C.

La civilización del Antiguo Egipto dejó un legado impresionante en diversas áreas, desde la ingeniería y la ciencia hasta la escritura y la navegación, contribuyendo significativamente al avance de la humanidad.

Administración y Hacienda en el Antiguo Egipto

Organización Administrativa

Egipto se hallaba estructurado en varios sepats, equivalentes a provincias o nomos en griego, con propósitos administrativos. Esta división tiene sus raíces en el período predinástico (anterior a 3100 a.C.), cuando los nomos eran autónomos como ciudades-Estado, conservando sus particularidades durante más de tres milenios. En total, el país se segmentaba en 42 nomos, con 20 pertenecientes al Bajo Egipto y 22 al Alto Egipto. Cada nomo estaba bajo el gobierno de un nomarca, un gobernador provincial investido con autoridad regional.

Impuestos y Sistema Impositivo

El gobierno egipcio aplicaba diversos impuestos, pagados en especie, mediante trabajo o mercancías, dado que no existía una moneda estandarizada. El Tyaty (visir) era la figura encargada de supervisar el sistema impositivo en nombre del faraón, a través de su departamento. Los subordinados del visir debían mantener actualizadas las reservas y las previsiones. La contribución de impuestos variaba según la ocupación y los ingresos de cada individuo: los campesinos o terratenientes pagaban con productos agrícolas, los artesanos con parte de su producción, y de manera similar, los pescadores, cazadores, entre otros.

Trabajo Público y Obligaciones

El estado requería que cada hogar proporcionara a una persona para realizar trabajos públicos durante algunas semanas al año. Estas labores incluían la construcción y limpieza de canales, la edificación de templos o tumbas, e incluso la minería (únicamente si no había prisioneros de guerra disponibles). Cazadores y pescadores contribuían con sus impuestos mediante las capturas del río, canales y desierto. Aquellas familias acomodadas tenían la opción de contratar sustitutos para cumplir con este deber cívico.

Este sistema fiscal, aunque basado en la contribución directa de bienes y servicios, demostraba la habilidad del Antiguo Egipto para organizar y sostener una compleja maquinaria administrativa y financiera que permitía la prosperidad y el mantenimiento de la civilización a lo largo de los milenios.

Costumbres del Antiguo Egipto

Las costumbres del Antiguo Egipto estaban arraigadas en la rutina diaria, la agricultura y las necesidades básicas, todas influenciadas por la presencia vital del río Nilo. La revolución neolítica a orillas del Nilo incluyó la recolección, la domesticación de animales y la observación de la abundante producción de gramíneas en el limo de las crecidas. Este entorno llevó al desarrollo de un sistema de riego, impulsando la organización de una economía basada en el almacenamiento, lo que a su vez fomentó avances en ciencia y arte, como la escritura, la geometría, el álgebra y la astronomía.

Embalsamamiento y Creencias en la Vida Después de la Muerte

Los antiguos egipcios creían en la vida después de la muerte, donde el cuerpo y el espíritu desempeñaban roles distintos. El proceso de embalsamamiento era fundamental para preservar el cuerpo y facilitar la transición a la vida futura. El espíritu se componía de tres principios:

1. Aj (Lo Inmortal): Representaba la esencia divina y dejaba el cuerpo después de la muerte para unirse a los dioses.

2. Ka (Energía Vital): Continuaba viviendo una existencia ficticia en el sarcófago, a veces representado por estatuillas de servidores llamadas

"Ushebti", destinadas a ayudar al difunto en los trabajos ordenados por los dioses.

3. Ba (Lo Espiritual): Abandonaba el cuerpo durante el día pero regresaba al anochecer para evitar ser devorado por espíritus malignos. Se representaba como un ave en algunas versiones del Libro de los Muertos y simbolizaba la mente penetrante en conexión con la divinidad.

La creencia en la inmortalidad y la vida después de la muerte también estaba relacionada con el desierto, donde se enterraban los cadáveres. Este entorno posiblemente desempeñó un papel crucial en la concepción egipcia de la trascendencia y la eternidad.

Roles y Dinámicas Familiares en el Antiguo Egipto

En el Antiguo Egipto, la estructura familiar y las dinámicas de género desempeñaban roles distintos en la sociedad. Aquí se destacan algunos aspectos clave relacionados con la familia en ese contexto:

Rol de la Mujer:

- Las mujeres egipcias mantenían su nombre y cierto grado de independencia, incluso participando en actividades laborales como comadronas, tejedoras o intendentes, o colaborando en los negocios de sus maridos.

- Al casarse, adquirían rango y podían tener roles como administradoras del patrimonio (nbt pr). Las mujeres de clase alta se representaban con tono de piel más claro en las pinturas, indicando su estatus y acceso a cosméticos.

- Se prestaba atención al aspecto físico, especialmente al peinado y maquillaje, simbolizando estatus y, posiblemente, pureza y belleza.

Matrimonio:

- El matrimonio comenzaba generalmente cuando la pareja decidía vivir junta, usualmente a los 12-14 años para las mujeres y alrededor de los 16 para los hombres. No requería sanción oficial y se formalizaba con un contrato privado detallando los bienes de cada uno.

- La monogamia o poligamia eran decisiones prácticas y no tenían implicaciones jurídicas o morales significativas. La decisión de tener otra esposa podía influir en la distribución de bienes y derechos entre la esposa e hijos.

Divorcio:

- El divorcio también era una cuestión privada y podía ser solicitado por cualquiera de los cónyuges. Motivos incluían desde adulterio hasta la esterilidad o incluso la apariencia física de la esposa.

- Si se habían detallado los bienes en el contrato privado, la esposa podía recuperar lo suyo. En caso contrario, tenía la opción de regresar con sus padres.

Estas dinámicas familiares reflejaban la flexibilidad y pragmatismo en las relaciones matrimoniales en el Antiguo Egipto, donde las cuestiones legales y morales se consideraban asuntos prácticos y privados dentro de la esfera familiar.

Sexualidad:

- Había una notable libertad sexual en el Antiguo Egipto, evidenciada en escritos y moda de la época. En sus primeras etapas, tanto mujeres como hombres, a excepción de las reales, podían llevar el torso desnudo. En ciertos trabajos, como carniceros, marineros y sirvientas, la desnudez era común.

- Las relaciones no estaban estrictamente controladas, y el incesto era frecuente en la familia real. El adulterio de la mujer, aunque no estaba penado, podía llevar al divorcio. Se registran casos de castigo, como pedradas, en algunos papiros.

Consideraciones sobre la Menstruación:

- El único tabú sexual significativo estaba relacionado con la consideración de la menstruación como impura. Algunos trabajadores eran dispensados de asistir al trabajo durante los días en que sus esposas tenían la menstruación.

Hijos:

- Aunque los hijos eran deseables, se utilizaban anticonceptivos debido a la alta tasa de mortalidad materna durante el parto.

- Los niños eran cuidados y educados sin distinción de género, y muchos aprendían a leer y escribir. Los hijos de familias nobles asistían a la escuela de la Casa Jeneret, también conocida como la casa de la reina.

Estos aspectos ilustran la complejidad y diversidad de las prácticas y creencias relacionadas con la familia y la sexualidad en el Antiguo Egipto, donde la sociedad mostraba una mezcla de libertad y ciertos tabúes, y la familia real a menudo seguía normas diferentes a las del resto de la población.

Vestuario en el Antiguo Egipto:

Materiales y Tipos de Telas:

- Inicialmente, se utilizaban diversas fibras de juncos y cañas además del lino, que luego se generalizó debido a la creencia en su pureza.

- Cuatro tipos de telas: lino real, tela útil fina, tela sutil y tela lisa. El color preferido era el blanco, con algunos dibujos en los bordes.

- Los hombres llevaban una falda corta llamada schenti, sujeta a la cintura por dos extremos cruzados.

Vestimenta de las Mujeres:

- Las mujeres de clase alta vestían un kalasiris, un vestido largo y ceñido de una pieza, sujeto con dos tirantes que cubrían los senos.

- También usaban una especie de capa corta sobre los hombros para protegerse del sol.

Cambios en la Vestimenta:

- En el período ptolemaico, introducido por dinastías de origen griego, se produjo un cambio en la vestimenta, especialmente para las mujeres, debido al concepto de impudicia femenina. Esto llevó a que las mujeres gradualmente cubrieran más sus cuerpos.

- Los obreros solían ir desnudos o con un taparrabos, mientras que las mujeres trabajadoras llevaban ropas amplias, aunque algunas también iban desnudas.

Depilación y Estilo Personal:

- La realeza y los escribas reales, tanto hombres como mujeres, iban siempre depilados en todo el cuerpo. Algunos autores sugieren que el vello corporal los alejaba de la divinidad, ya que era considerado un símbolo de la materialización.

- Aunque la depilación era común, hay casos como el del escriba real Imhotep que apareció representado con bigote o pequeñas barbas.

Alimentación en el Antiguo Egipto:

Dietas de los Obreros:

- Según Heródoto, los obreros comían cebollas, ajos, pan y cerveza, ya que se les pagaba en trigo y cebada.

Variedad en la Alimentación:

- Pinturas, relieves y ofrendas indican que les gustaban las aves, el pescado y las frutas. Estos alimentos también se representan en la mesa del Faraón.

- En tumbas se han encontrado aves y pescados en salazón, así como carne de buey momificada. La carne se obtenía principalmente de sacrificios o como ofrendas de diplomacia.

Cocina Egipcia:

- Aunque se usaban dátiles para la alimentación, la cocina egipcia no seguía el orden occidental típico de primer plato, segundo plato y postre.

- En tumbas egipcias se han hallado ánforas de miel y varios huesos de frutas como dátiles, cítricos (posiblemente importados) y otros.

Casa de la Vida en el Antiguo Egipto:

La Casa de Vida, conocida en egipcio como Per Anj, era una institución en el Antiguo Egipto que desempeñaba roles avanzados de enseñanza, biblioteca, archivo y taller de copia de manuscritos. Estas casas estaban reservadas exclusivamente para escribas y sacerdotes, y se sabe que surgieron durante el Imperio Antiguo. Generalmente, se encontraban ubicadas en la sede del palacio real o en un edificio dentro del área dedicada al templo.

Cada ciudad de cierta importancia probablemente tenía su propia Casa de Vida, y se tiene constancia de la presencia de estas instituciones en lugares como Amarna, Edfu, Menfis, Bubastis y Abidos. En Amarna, la Casa de Vida constaba de dos salas principales y sus anexos, incluyendo la residencia del director de la institución.

Las enseñanzas impartidas en las Casas de Vida eran diversas e incluían medicina, astronomía, matemáticas, doctrina religiosa y lenguas extranjeras. La importancia de aprender lenguas extranjeras aumentó durante el Imperio Nuevo debido al cosmopolitismo de la era y al dominio de Egipto sobre una vasta área que se extendía desde Nubia hasta el río Éufrates.

Los escribas que trabajaban en estas instituciones llevaban títulos como "Servidores de Ra" o "Seguidores de Ra", asociando su labor con el dios solar egipcio Ra, considerado el dador de vida. Además, las Casas de Vida estaban vinculadas a Osiris, el dios del renacimiento. Se creía que el acto de copiar textos contribuiría al renacimiento anual de Osiris durante su festival.

Adicionalmente, algunas Casas de Vida también albergaban establecimientos que podrían considerarse como sanatorios, cumpliendo así funciones relacionadas con la salud y el bienestar.

Casa Jeneret

La Casa Jeneret era una institución vinculada a la casa de la reina en el Antiguo Egipto. Su función principal era la educación de las damas de la corte, abarcando diversos aspectos, pero poniendo especial énfasis en la instrucción en música y danza. Las jóvenes aprendían a tocar instrumentos musicales como el arpa, el laúd y la flauta. Además, se les enseñaban danzas rituales cuyas melodías tenían el propósito de apaciguar a las divinidades, creando un ambiente de armonía que regocijaba a todos.

Entre las actividades importantes realizadas en las escuelas de la Casa Jeneret se encontraba la confección de vestidos y la elaboración de utensilios de belleza y aseo. Para esto, contaban con talleres de alfarería, tejidos y carpintería.

La jerarquía de la Casa Jeneret estaba subordinada a la Gran Esposa Real, y la administración incluía funcionarios a cargo de los talleres, administradores y sirvientes. La directora de la institución ostentaba el título de "Sehpset", que significa "la venerable". Por otro lado, las mujeres de la nobleza que formaban parte de la Casa Jeneret llevaban el título de "Ornato Real".

Medicina

La medicina en el Antiguo Egipto se desarrolló a través de la observación de los efectos de las plantas en el cuerpo humano, estableciendo un cuerpo médico que ganó prestigio no solo dentro del país sino también en el extranjero. Se especializaban en diversas áreas de la medicina, y Heródoto describió la diversidad de médicos y especialidades médicas en Egipto. Cada médico se dedicaba a cuidar una enfermedad específica, ya sea relacionada con los ojos, la cabeza, los dientes, la región abdominal o enfermedades internas.

Medicina en el Antiguo Egipto:

En el Antiguo Egipto, los practicantes de la medicina eran conocidos como sun-nu, que se traduce como "hombres de los que sufren". Estos médicos empleaban remedios que combinaban con fórmulas mágicas, buscando la intervención divina para que los tratamientos fueran efectivos. Las recetas médicas de la época se han conservado en varios papiros, como el Papiro Ebers, el Papiro de Chester Beatry y el Papiro de Hearst, así como en las tumbas de algunos médicos.

La medicina egipcia abarcaba una variedad de prácticas, desde el uso de hierbas y sustancias naturales hasta procedimientos quirúrgicos. Además, se llevaba a cabo la internación de pacientes graves en instalaciones cercanas a los templos, con la creencia de que la proximidad a los dioses facilitaría la recuperación.

Dada la importancia de preservar el cuerpo para la vida después de la muerte, incluso se practicaba la colocación de prótesis en los cadáveres de aquellos que habían perdido algún miembro durante su vida.

La administración egipcia intervino en la profesión médica, convirtiendo a los médicos en funcionarios. Esto les proporcionaba ingresos mínimos garantizados, además de aquellos que pudieran obtener por su cuenta. Existía un sistema jerárquico en la profesión, culminando con el título de "Jefe de los Médicos del Alto y Bajo Egipto", que representaba el pináculo de la carrera médica en la sociedad egipcia.

La medicina egipcia contaba con especialistas en medicina del trabajo, que se centraban en devolver a los trabajadores a sus labores lo más rápidamente posible, y este servicio se proporcionaba de forma gratuita. Otras especialidades destacadas incluían la ginecología, debido a la importancia de la procreación, y la cirugía.

La enseñanza de la medicina se llevaba a cabo en la Casa de la Vida, vinculada a los diferentes templos. La abundancia de hierbas medicinales en la región contribuyó al conocimiento y práctica de la medicina, y Heródoto elogió a los médicos egipcios como los más sabios del mundo.

Arquitectura

En el Antiguo Egipto, la planificación urbana no era una práctica común, y a excepción de los centros administrativos o áreas con objetivos específicos, no se realizaba una planificación previa en la construcción de viviendas. Las casas en Deir el-Medina, una ciudad poblada por constructores de tumbas reales, inicialmente carecían de cimientos, pero las ampliaciones posteriores los tenían en piedra, formando muros con filas de ladrillos.

En general, no existían distinciones marcadas entre barrios ricos y pobres. Las casas se mezclaban en disposición y tamaño, a menos que fueran de individuos de clase alta. Los miembros de una misma familia solían vivir en el mismo barrio. En Deir el-Medina, la ciudad fundada por Amenhotep I, las viviendas familiares estaban rodeadas por una muralla. Su abandono repentino durante el reinado de Ramsés XI facilitó su estudio a fondo.

Deir el-Medina experimentó su apogeo durante el reinado de Ramsés II, al trasladar la capital desde Tebas al delta y abandonar la necrópolis tebana. La disposición de las viviendas se organizaba alrededor de calles que atravesaban el poblado, y las basuras arrojadas tras la muralla proporcionaron valiosa información sobre la sociedad gracias a los ostraca, fragmentos de cerámica utilizados para escribir.

Las primeras viviendas conocidas datan del Periodo Predinástico, construidas con paredes de adobe y techos de troncos cubiertos por hojas de palmera y barro, similares a las casas actuales. La técnica de construcción seguía siendo inalterada, utilizando bloques de barro y paja secados al sol, materiales frágiles que no dejaron restos arqueológicos significativos en comparación con las tumbas y los templos.

Casas de la Clase Alta

Las maquetas colocadas en las tumbas durante el Imperio Medio proporcionan una visión de las casas de la clase alta en el Antiguo Egipto. Aunque las representaciones directas disminuyen en el Imperio Nuevo, papiros y pinturas ofrecen detalles sobre estas residencias. Además, el hallazgo de mobiliario, ajuar, juegos de mesa y herramientas arroja luz sobre la vida cotidiana.

Las casas de la clase alta eran más amplias, y algunos reyes y nobles unían dos residencias, lo que resultaba en propiedades más grandes con diversas habitaciones, cocheras, jardines, fuentes y huertos. Algunas incluso incluían baños, con retretes representados como recipientes de piedra con tapa. Estas viviendas estaban decoradas con frescos, agregando un toque artístico y estético a su diseño.

Una residencia estándar albergaba de cinco a diez personas, generalmente padres con hijos, a veces de distintas madres debido a la alta mortalidad y los frecuentes divorcios. Las casas se pintaban de blanco, y las habitaciones se distribuían en línea, ocupando entre 40 y 120 m². El acceso se realizaba a través de una puerta de madera, y la disposición interior incluía un altar en la primera estancia, donde también se almacenaban lámparas, jarras y braseros.

La sala principal, iluminada por pequeñas ventanas protegidas por contraventanas o celosías, servía como espacio central. En ella, podía haber una bodega o recipientes cerámicos. Unas escaleras llevaban a la bodega, y una puerta conducía al resto de las habitaciones, que podían ser almacenes y dormitorios. La cocina se ubicaba en la calle o en el patio trasero, que a menudo contenía un horno y un pequeño almacén de grano. Estos detalles ofrecen una visión fascinante de la organización y la vida en las residencias de la clase alta del Antiguo Egipto.

Templos

Los templos desempeñaron un papel fundamental a lo largo de la historia egipcia, desde sus inicios hasta el apogeo de la civilización, y estaban presentes en la mayoría de las comunidades. Incluían tanto templos mortuorios para honrar a los espíritus de los faraones fallecidos como templos dedicados a los dioses patrones, si bien la distinción entre ambos era difusa debido a la estrecha relación entre la divinidad y la monarquía. Aunque no eran principalmente lugares de adoración para la población general, los templos patrocinados por el estado servían como moradas para los dioses, albergando imágenes físicas que actuaban como intermediarios y recibían ofrendas para mantener a los dioses y, por ende, el universo mismo.

Los templos eran esenciales para la sociedad egipcia, y se destinaban vastos recursos para su mantenimiento, con contribuciones de la monarquía y grandes estados. Los faraones a menudo expandían los templos como parte de su deber de honrar a los dioses, lo que resultaba en la construcción de templos de gran tamaño. No obstante, no todos los dioses recibían templos dedicados, ya que algunos dioses importantes en la teología oficial tenían adoración mínima, mientras que varios dioses populares en el ámbito local eran el foco de la veneración popular, no de rituales de templo.

Los primeros templos egipcios eran estructuras pequeñas e impermanentes, pero a lo largo de los Imperios Antiguo y Medio, sus diseños se volvieron más elaborados y se construyeron cada vez más con piedra. En el Imperio Nuevo, surgió un diseño básico de templo que evolucionó a partir de elementos comunes en los templos anteriores. Este diseño estándar incluía un camino procesional central que conducía a través de cortes y salas al santuario, donde se encontraba la estatua del dios del templo. El acceso a esta parte estaba restringido al faraón y al sacerdote de mayor rango, simbolizando un viaje del mundo humano al reino divino. Más allá del edificio del templo estaba el muro exterior, con edificios subsidiarios entre ambos, como talleres, áreas de almacenamiento y una librería que guardaba escritos sagrados y registros mundanos, sirviendo como un centro de aprendizaje.

Teóricamente, era responsabilidad del faraón llevar a cabo los rituales del templo, ya que él era el representante oficial de Egipto ante los dioses. Sin embargo, en la práctica, los deberes rituales eran realizados casi siempre por sacerdotes. Durante los Imperios Antiguo y Medio, no existía una clase separada de sacerdotes; en su lugar, muchos funcionarios gubernamentales cumplían esta función durante varios meses del año antes de regresar a sus deberes seculares. Fue solo en el Imperio Nuevo que se generalizó el sacerdocio profesional, aunque la mayoría de los sacerdotes de rangos bajos aún trabajaban a medio tiempo. Todos ellos eran empleados por el estado, y el faraón tenía la última palabra en su nombramiento.

Con el crecimiento de la riqueza de los templos, la influencia de sus sacerdotes también aumentó, llegando a rivalizar con la del faraón. Durante la fragmentación política del Tercer Periodo

Intermedio (c. 1070-664 a.C.), los altos sacerdotes de Amón en Karnak incluso se convirtieron en gobernantes efectivos del Alto Egipto. El personal del templo no se limitaba solo a sacerdotes, sino que también incluía a personas ajenas al sacerdocio, como músicos y cantantes de ceremonias. Fuera del templo, se encontraban artesanos, trabajadores y granjeros que ayudaban a cubrir las necesidades del templo. Todos recibían su salario a través de las ganancias del templo. De esta manera, los grandes templos se convirtieron en importantes centros de actividad económica, a veces empleando a miles de personas.

Rituales y festivales oficiales

Entre las prácticas religiosas del estado egipcio, se llevaban a cabo rituales de culto a diversas deidades y ceremonias relacionadas con la monarquía divina en los templos. Estos incluían rituales diarios, como la ceremonia matutina de ofrecimiento, donde un sacerdote de alto rango, ocasionalmente incluso el faraón, lavaba, ungía y vestía de manera elaborada las estatuas de los dioses antes de presentarles ofrendas. Una vez que los dioses habían consumido la esencia espiritual de las ofrendas, los objetos eran distribuidos entre los sacerdotes.

Además de los rituales diarios, había festivales menos frecuentes pero numerosos, con docenas ocurriendo cada año. Estos festivales iban más allá de las simples ofrendas a los dioses e involucraban acciones como recreaciones de mitos específicos o la destrucción simbólica de fuerzas del desorden. La mayoría de estos eventos probablemente eran celebrados solo por sacerdotes y tenían lugar dentro del templo. Sin embargo, los festivales más importantes, como el festival de Opet celebrado en Karnak, implicaban procesiones que llevaban la imagen del dios fuera del santuario en una barca modelo para visitar otros sitios significativos, como el templo de una deidad relacionada. Los plebeyos se reunían para presenciar la procesión y, a veces, recibían porciones de las ofrendas dadas a los dioses en estas ocasiones.

Religión popular

La religión popular en el antiguo Egipto se manifestaba de manera más directa en la vida diaria de los individuos, en contraste con los cultos oficiales destinados a preservar la estabilidad del estado. Las prácticas religiosas populares, aunque dejaron menos evidencia que los cultos oficiales, eran una parte integral de la vida cotidiana de las personas, aunque la evidencia disponible se basa principalmente en la porción más rica de la población egipcia.

Estas prácticas incluían ceremonias relacionadas con transiciones importantes en la vida, como el nacimiento, el nombramiento y, especialmente, la muerte, ya que se creía que aseguraban la supervivencia del alma en el más allá. Otras prácticas buscaban discernir la voluntad de los dioses a través de la interpretación de sueños y la consulta de oráculos. La gente también realizaba rituales mágicos para afectar el comportamiento de los dioses en su propio beneficio.

Los individuos también participaban en actos de piedad personal, rezando a los dioses y ofreciéndoles ofrendas privadas. Aunque la evidencia de esta práctica es escasa antes del Imperio Nuevo debido a restricciones culturales en la representación de actividades religiosas no relacionadas con la realeza, se volvió más prominente a medida que estas restricciones se relajaron. Los templos oficiales eran lugares importantes para rezos y ofrendas privadas, y la población también utilizaba capillas locales más accesibles y santuarios en sus propios hogares para rendir culto a los dioses o recordar a familiares fallecidos.

En muchos sitios sagrados egipcios, los egipcios adoraban a animales individuales que creían que eran manifestaciones de ciertas deidades. Estos animales eran seleccionados basándose en marcas específicas que se creía indicaban su idoneidad para el papel. Algunos, como el toro Apis adorado en Menfis como manifestación de Ptah, mantenían sus posiciones de culto durante toda su vida, mientras que otros eran seleccionados durante periodos más cortos. Con el tiempo, la popularidad de estos cultos creció, y muchos templos comenzaron a criar animales para elegir nuevas manifestaciones divinas. En la dinastía XXVI, surgió una práctica separada donde la gente momificaba miembros de ciertas especies como ofrenda a los dioses que esas especies representaban, enterrándolos en cementerios cerca de los centros de culto.

Magia

En las prácticas religiosas populares del antiguo Egipto, las deidades invocadas en situaciones cotidianas diferían en cierta medida de aquellas en los centros de culto de estado. Deidades como la diosa de la fertilidad Taweret y el protector del hogar Bes, aunque importantes para la población, no tenían templos propios. Sin embargo, otras deidades como Amón y Osiris eran significativas tanto para la religión popular como para la oficial.

Algunas personas mostraban devoción a un solo dios, a menudo favoreciendo a aquellos afiliados a su región o relacionados con su ocupación. Un ejemplo es el dios Ptah, que, aunque era especialmente importante en su centro de culto en Menfis, recibía veneración nacional como el patrón de los artesanos.

En cuanto a la "magia" (heka en términos egipcios), se entendía como la habilidad para hacer que sucedan cosas por medios indirectos. Se creía que la heka era una fuerza natural utilizada por los dioses para crear el universo y ejercer su voluntad. Los humanos también podían emplearla, y las prácticas mágicas estaban estrechamente vinculadas con la religión. Incluso los rituales regulares realizados en los templos eran considerados formas de magia. Aunque algunas prácticas mágicas podían tener fines personales, ninguna forma de magia se consideraba hostil por sí misma. En cambio, se veía principalmente como una manera de prevenir o superar eventos negativos.

La magia en el antiguo Egipto estaba estrechamente asociada con el sacerdocio, ya que las librerías de los templos contenían numerosos textos mágicos. Los sacerdotes lectores, encargados de estudiar estos textos, poseían un gran conocimiento mágico y a menudo ofrecían sus servicios a personas comunes. Otras profesiones, como médicos, encantadores de escorpiones y fabricantes de amuletos mágicos, también incorporaban prácticas mágicas en sus trabajos. Es probable que incluso el campesinado utilizara magia simple para sus propios propósitos, aunque la evidencia de esto es limitada debido a la transmisión oral de dicho conocimiento.

El lenguaje estaba intrínsecamente vinculado con la magia, al punto de que se decía que Tot, el dios de la escritura, era el inventor de la heka. Por lo tanto, la magia a menudo involucraba encantamientos escritos o hablados, acompañados generalmente por acciones rituales. Estos rituales solían invocar el poder de una deidad apropiada para llevar a cabo la acción deseada, utilizando la heka para incitar a la deidad a actuar. En algunos casos, esto implicaba que el practicante o el sujeto del ritual adoptara el papel de un personaje mitológico, persuadiendo así al dios para que actuara en su favor. Además, los rituales también hacían uso de la magia empática, utilizando objetos que se creía que poseían una semejanza mágica significativa con el sujeto del rito. También se empleaban objetos considerados imbuidos de heka, como los amuletos mágicos usados en gran número por los egipcios comunes.

Los egipcios también utilizaban oráculos para solicitar conocimiento y guía de los dioses. Estos oráculos eran conocidos principalmente a partir del Imperio Nuevo y períodos posteriores, y se consultaban para resolver disputas legales o informar decisiones reales. Los métodos comunes incluían hacer preguntas a la imagen divina durante procesiones de festivales y interpretar respuestas a través del movimiento de la barca. Otros métodos involucraban observar el comportamiento de animales de culto, el sorteo o la consulta de estatuas a través de las cuales los sacerdotes aparentemente hablaban. El discernimiento de la voluntad de los dioses otorgó gran influencia a los sacerdotes que interpretaban sus mensajes.

Prácticas funerarias

Las prácticas funerarias egipcias se centraban en la preservación del cuerpo, considerada esencial para la supervivencia del alma. Inicialmente, los egipcios enterraban a sus muertos en el desierto, donde las condiciones áridas momificaban naturalmente los cuerpos. Sin embargo, en el Periodo Temprano Dinástico, comenzaron a utilizar tumbas para una mayor protección. Desarrollaron elaboradas prácticas de embalsamamiento, donde el cadáver era desecado artificialmente y envuelto para ser colocado en su ataúd. La calidad del proceso variaba según el costo, y aquellos que no podían pagarlo eran enterrados en sepulturas del desierto.

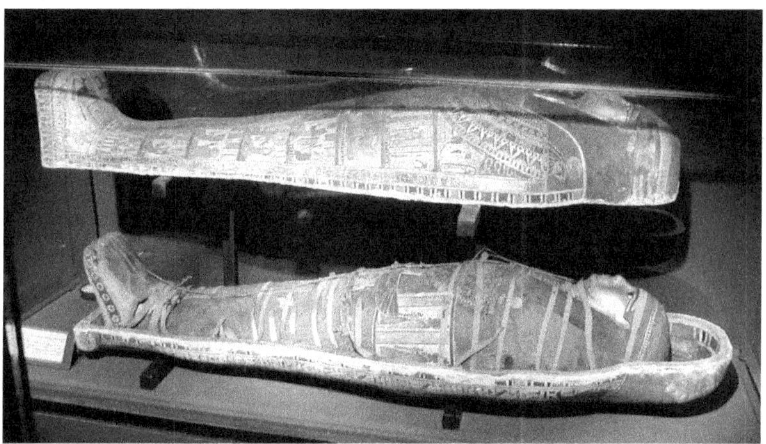

Después del proceso de momificación, la momia era llevada en una procesión funeraria desde la casa del difunto hasta la tumba, acompañada por amigos, familiares y diversos sacerdotes. Antes del entierro, estos sacerdotes realizaban rituales, como la ceremonia de la Apertura de la boca, destinada a restaurar los sentidos del difunto y permitirle recibir ofrendas. Luego, la momia se enterraba y la tumba se sellaba. Posteriormente, los familiares o sacerdotes ofrecían alimentos a los difuntos en una capilla mortuoria cercana en intervalos regulares. A medida que el tiempo pasaba, las familias abandonaban esta práctica para los parientes fallecidos hace mucho tiempo, y los cultos mortuorios generalmente duraban solo una o dos generaciones. No obstante, mientras se llevaba a cabo el culto, los vivos a veces escribían cartas pidiendo ayuda a los familiares fallecidos, creyendo que los muertos podían influir en el mundo de los vivos de manera similar a los dioses.

Las primeras tumbas en Egipto eran conocidas como mastabas, construcciones rectangulares hechas de ladrillos, destinadas a albergar a reyes y nobles en su descanso final. Estas estructuras comprendían una cámara mortuoria subterránea y, a nivel del suelo, una capilla dedicada a los rituales funerarios. Con el auge del Imperio Antiguo, las mastabas evolucionaron hacia las icónicas pirámides, que simbolizaban el montículo primordial en la mitología egipcia. Reservadas exclusivamente para la realeza, estas pirámides estaban acompañadas por majestuosos templos mortuorios en sus bases. Aunque los faraones del

Imperio Medio continuaron erigiendo pirámides, la preferencia por las mastabas disminuyó. Notablemente, aquellos ciudadanos comunes con recursos suficientes optaron por tumbas excavadas en la roca, provistas de capillas funerarias cercanas, una elección menos propensa al saqueo de tumbas. Incluso en las primeras etapas del Imperio Nuevo, los faraones adoptaron estas tumbas rocosas, las cuales se utilizaron hasta la decadencia de la propia religión.

Estos lugares de descanso no solo albergaban cuerpos, sino que también contenían diversos objetos, como estatuas de los difuntos que fungían como sustitutos en caso de daño al cuerpo. Dada la creencia de que los fallecidos debían continuar trabajando en el más allá, los entierros a menudo incluían modelos pequeños de individuos realizando labores, reflejando así la vida terrenal. Las tumbas de aquellos económicamente prósperos también podían contener enseres domésticos, vestimenta y otros objetos cotidianos destinados a ser utilizados en el más allá. Amuletos y objetos mágicos proporcionaban protección adicional contra los peligros del reino espiritual. Los textos funerarios, incluidos en el entierro, brindaban guía y seguridad en la otra vida. Los murales de la tumba, adornados con arte que representaba a los difuntos disfrutando de alimentos, se creía que les permitían recibir sustento de manera mágica, incluso después de que las ofrendas mortuorias hubieran cesado.

Idiomas

El egipcio antiguo, en sus diversas etapas cronológicas, formó una parte independiente de la (macro) familia afroasiática. Sus parientes más cercanos incluyen grupos como los bereberes, semitas y Beja. A lo largo de la historia egipcia, se identifican siete divisiones importantes del idioma:

1. Egipcio Arcaico (antes de 3000 a. C.): Documentado en inscripciones del último predinástico y del arcaico, con evidencia temprana de escritura jeroglífica en recipientes de cerámica de Naqada II.

2. Egipcio Antiguo (3000-2000 a. C.): Lengua del Imperio Antiguo y el primer período intermedio, caracterizado por los Textos de las Pirámides en tumbas aristocráticas.

3. Egipcio Clásico (2000-1300 a. C.): También conocido como egipcio medio, se destaca por textos jeroglíficos y hieráticos que datan del Imperio Medio, abarcando textos funerarios, médicos, científicos y poéticos.

4. Egipcio Tardío (1300-700 a. C.): Documentos de esta etapa pertenecen a la segunda parte del Imperio Nuevo, incluyendo literatura religiosa y secular, como la historia de Unamón y las instrucciones del Ani.

5. Egipcio Demótico (siglos VII a. C.-IV a. C.): Utilizado con fines económicos y literarios, se convirtió en la escritura dominante alrededor del 600 a. C. y se grababa en piedra y madera.

6. Egipcio Koiné (siglo III en adelante): Tras la conquista de Alejandro, el dialecto koiné, una variante del ático utilizada en el mundo helenístico, coexistió con el copto empleado por el pueblo llano.

7. Copto (siglo III en adelante): Como lengua cotidiana desde el siglo III hasta el VI, perdura solo como lengua litúrgica de la Iglesia Ortodoxa Copta después de ser sustituido por el árabe en época islámica. El nombre de Egipto en copto es Ⲭⲏⲙⲓ (Kēmi).

Escritura en el Antiguo Egipto

Orígenes de la Escritura Egipcia

La inscripción más antigua conocida durante mucho tiempo fue la Paleta de Narmer, datada en el 3150 a. C. Sin embargo, hallazgos recientes en la cerámica de Gerzeh, aproximadamente del año 3250 a. C., revelan símbolos que se asemejan a los jeroglíficos tradicionales. En 1998, un equipo arqueológico alemán descubrió rótulos de arcilla inscritos con jeroglíficos en la necrópolis de Umm el-Qaab de Abidos, fechados en el período de Naqada III-a, alrededor del siglo XXXIII a. C.

Desarrollo de la Escritura

La escritura egipcia se cree que surgió alrededor del 3000 a. C., con la unificación del Reino del Alto y Bajo Egipto. Inicialmente, constaba de alrededor de mil signos, los jeroglíficos, que representaban diversas formas estilizadas de personas, animales, plantas y objetos. A lo largo del tiempo, su número aumentó hasta alcanzar varios miles en el período tardío.

Jeroglíficos y Formas Cursivas

La escritura egipcia se considera la más antigua del mundo y se denomina "jeroglífica", derivando del griego para "sagrado" y "esculpir, grabar". Era en parte silábica y en parte ideográfica. La forma cursiva de los jeroglíficos, conocida como hierática, fue utilizada a partir de la primera dinastía (c. 2925-2775 a. C.). La variante demótica, tanto escritura como lengua, evolucionó durante el período tardío.

Evolución de la Escritura

Alrededor del 2700 a. C., se comenzaron a usar pictogramas para representar sonidos consonantes, y hacia el 2000 a. C., se empleaban 26 para representar los 24 sonidos consonantes principales. El alfabeto más antiguo conocido, un sistema abyad derivado de estos signos unilíteros, data aproximadamente del 1800 a. C.

Declive de los Jeroglíficos

La escritura jeroglífica dejó de ser la escritura principal alrededor del siglo IV a. C., bajo los ptolomeos, siendo reemplazada por el griego, aunque persistió en los templos del Alto Egipto, custodiados por el clero egipcio. Cleopatra VII fue la única gobernante ptolemaica que dominó el idioma egipcio antiguo. Su desciframiento por parte de europeos comenzó en el siglo XV, aunque hubo intentos previos.

Literatura

La rica tradición literaria de Egipto tiene sus raíces en el Antiguo Egipto, marcando una de las primeras expresiones literarias conocidas en la historia de la humanidad. Los egipcios fueron pioneros al desarrollar una forma de literatura que ha perdurado hasta nuestros días.

La literatura del Antiguo Egipto se plasmaba en papiros, así como en las superficies de paredes, tumbas, pirámides y obeliscos. Uno de los ejemplos más destacados de esta época es la "Historia de Sinuhé". Otros textos notables incluyen el "Papiro Westcar", una colección de relatos, y el "Papiro Ebers", un tratado de farmacopea. Además, el "Libro de los Muertos", que contiene instrucciones rituales para el tránsito a la otra vida, alcanza su versión más completa en el conocido "Papiro de Ani".

La literatura del antiguo Egipto se divide en categorías religiosas y profanas. La mayor parte de ella es de naturaleza religiosa, abordando temas como hechizos, oraciones funerarias, descripciones de la vida en el más allá y narraciones mitológicas sobre la Enéada. Además del "Libro de los Muertos", los "Textos de las Pirámides" y los "Textos de los Sarcófagos", destacan inscripciones encontradas en los hipogeos del Valle de los Reyes que detallan el inframundo. Entre estas obras se encuentran el "Libro del Amduat", el "Libro de las Puertas", el "Libro de la Vaca Sagrada", el "Libro de las Cavernas", el "Libro de la Tierra", el "Libro del Día y de la Noche" y la "Letanía de Ra".

La literatura profana en Egipto abarca principalmente libros sapienciales, destinados a la educación más que al entretenimiento. Incluso se creó un subgénero didáctico específico conocido como sebayt, que, guardando distancias, se asemeja a la instrucción de príncipes en la tradición cristiana o al adab en la cultura musulmana. Sin embargo, también se produjeron narraciones, biografías y poemas de amor, elegíacos y filosóficos con el propósito de entretener, expresar artísticamente emociones o reflexionar sobre el sentido de la vida.

La autobiografía emerge como una de las formas literarias más antiguas en Egipto, y nos han llegado ejemplos como las de Uni, el chaty (visir), y la de Hirjuf. Resulta interesante notar la escasa presencia

de la epopeya, siendo el "Poema de Pentaur" el único ejemplo conservado que celebra la disputada victoria de Ramsés II en Qadesh.

El cuento fue un género muy apreciado, con una difusión principalmente oral. Su práctica perduró hasta la época moderna, y Egipto contribuyó significativamente a los relatos presentes en Las mil y una noches en árabe. Roger Lancelyn Green, antropólogo y mitógrafo, reunió algunos cuentos que han llegado hasta nosotros a través de inscripciones (como "El príncipe y la Esfinge" o "Ra y sus hijos"), papiros ("El Loto de oro" y "La toma de Yapu"), o resúmenes transmitidos por escritores griegos como Estesícoro ("La princesa griega") o Heródoto ("La muchacha de las zapatillas rojas"), siendo esta última la versión más antigua del cuento tradicional de La Cenicienta.

Textos mágicos

Los textos rituales y mágicos en la antigua civilización egipcia eran procedimientos escritos en papiro que servían como instrucciones para aquellos que llevaban a cabo rituales religiosos. Estos textos eran conservados principalmente en las bibliotecas de los templos y a menudo estaban inscritos en los propios templos, a veces acompañados por ilustraciones. A diferencia de los papiros rituales, las inscripciones en los templos no eran instrucciones, sino que simbólicamente perpetuaban los rituales, incluso si dejaban de realizarse en la práctica.

Además, se desarrollaron textos mágicos que describían rituales, pero su propósito era alcanzar metas específicas en la vida diaria. Aunque tenían objetivos mundanos, muchos de estos textos se originaron en templos y, con el tiempo, se difundieron entre la población general.

En cuanto a los himnos y rezos, los egipcios crearon numerosos himnos y rezos en forma de poesía, escritos en papiro y en los muros de los templos. Los himnos estaban destinados a alabar a deidades específicas y se recitaban como parte de los rituales en los templos. Estaban estructurados según fórmulas literarias que exponían la naturaleza y funciones mitológicas de una deidad. Los rezos, por otro lado, seguían el patrón de los himnos pero abordaban al dios de manera más personal, solicitando bendiciones, ayuda o perdón por malas acciones. Estos rezos eran raros antes del Imperio Nuevo, indicando que la interacción directa y personal con una deidad no se consideraba posible en los primeros períodos o al menos era menos probable que se expresara por escrito. Estos rezos se conocen principalmente por estar inscritos en estatuas y estelas dejadas en lugares sagrados como ofrendas votivas.

Textos funerarios

Entre los escritos egipcios más significativos y extensamente preservados se encuentran los textos funerarios, diseñados para garantizar que las almas de los fallecidos alcancen un más allá placentero. Los primeros de este tipo son los Textos de las Pirámides, una colección de cientos de conjuros inscritos en los muros de las pirámides reales durante el Imperio Antiguo. Estos conjuros tenían la finalidad de proporcionar mágicamente a los faraones los medios para unirse a la compañía de los dioses en el más allá y aparecían en diferentes arreglos y combinaciones, algunos de ellos presentes en toda la pirámide.

Al final del Imperio Antiguo, surgió un nuevo conjunto de conjuros funerarios, que incluían material de los Textos de las Pirámides. Estos se inscribían principalmente en los sarcófagos y eran conocidos como los Textos de los sarcófagos. A diferencia de los Textos de las Pirámides, no estaban reservados exclusivamente para la realeza, sino que aparecían en tumbas de oficiales no reales. En el Imperio Nuevo, se desarrollaron varios textos funerarios adicionales, siendo el más conocido el Libro de los muertos. A diferencia de los primeros libros, este a menudo contenía extensivas ilustraciones o viñetas. El libro se copiaba en papiro y se vendía a plebeyos para ser colocado en sus tumbas.

Los Textos de los sarcófagos incluían secciones con descripciones detalladas del inframundo e instrucciones sobre cómo superar sus peligros. En el Imperio Nuevo, este material dio origen a varios "libros del inframundo", como el Libro de las puertas, el Libro de las cavernas y el Amduat. A diferencia de las colecciones sueltas de conjuros, estos libros del inframundo eran representaciones estructuradas del paso de Ra a través del Duat y, por analogía, del viaje del alma de la persona fallecida a través del reino de los muertos. Inicialmente restringidos a las tumbas faraónicas, su uso se amplió en el Tercer Periodo Intermedio.

Con el avance y la modernización de Egipto, las antiguas prácticas fueron reemplazadas por nuevas y eficientes técnicas científicas, incluyendo mejoras en la momificación, lo que permitió a los egipcios alcanzar un nuevo nivel de excelencia en su preparación para el más allá.

Religión en el Antiguo Egipto

La religión en el Antiguo Egipto fue un componente central de la vida egipcia, permeando todos los aspectos desde la época predinástica hasta la llegada del cristianismo e islamismo en las etapas grecorromanas y árabes. Aquí se destacan algunos puntos clave sobre la religión egipcia:

1. Mitología y Sacerdotes:

La religión egipcia estaba plasmada en la mitología y dirigida por sacerdotes. Los sacerdotes desempeñaban un papel crucial en la administración de las prácticas religiosas y rituales.

2. Templos Sagrados:

Los templos eran lugares sagrados restringidos a sacerdotes y sacerdotisas, aunque en ocasiones especiales el pueblo era admitido en el patio del templo durante celebraciones importantes.

3. Transmisión de Creencias:

La presencia de momias y pirámides fuera de Egipto sugiere que las creencias y valores de la cultura egipcia se transmitieron a través de rutas comerciales. Los contactos con diversas regiones, como Nubia, Punt, el Egeo, Grecia, el Líbano y

Libia, influyeron en las creencias egipcias.

4. Influencia en las Artes:

La naturaleza religiosa de la civilización egipcia influyó en sus contribuciones artísticas. Muchas obras representan dioses, diosas y faraones considerados divinos. El arte egipcio se caracteriza por la simetría y el orden.

5. Animales en la Religión:

A lo largo de los 3000 años de cultura independiente, los animales retratados o adorados en el arte, escritura y religión eran indígenas de África. Aunque el dromedario, de origen árabe, apareció en Egipto en el II milenio a.C.

6. Problemas de Salud Relacionados con Prácticas:

El análisis de momias ha revelado evidencias de una dieta estable durante el Imperio Medio. Sin embargo, momias más antiguas muestran signos de anemia y desórdenes hemolíticos, sugiriendo envenenamiento por metales pesados utilizados en pigmentos, tintes y maquillaje.

La religión egipcia fue una fuerza unificadora en la sociedad y dejó un impacto duradero en la cultura y las prácticas artísticas del Antiguo Egipto.

La esencia de la religión en el Antiguo Egipto se entretejía como un complejo sistema de creencias que penetraba profundamente en la sociedad egipcia ancestral. En su núcleo, se concentraba en la interacción de los egipcios con diversas deidades, consideradas controladoras de las fuerzas y elementos naturales. Las prácticas religiosas eran actos destinados a proveer a los dioses y ganar su favor. El faraón, como rey de Egipto, ocupaba un papel central al ser visto como la encarnación de Horus, investido de poder divino por su posición. Su responsabilidad era sostener a los dioses mediante rituales y ofrendas, garantizando así el mantenimiento del orden universal. El Estado dedicaba considerables recursos a estos rituales y a la construcción de templos.

A nivel individual, los egipcios interactuaban con los dioses para sus propios fines, ya sea a través de oraciones o mediante el uso de la magia negra. Aunque distintas, estas prácticas estaban estrechamente relacionadas con los rituales e instituciones formales. A medida que el estatus del faraón declinaba a lo largo de la historia egipcia, la tradición religiosa popular ganaba prominencia. Además, la creencia en el más allá y las prácticas funerarias eran aspectos fundamentales. Los egipcios desplegaban grandes esfuerzos para asegurar la supervivencia del alma después de la muerte, proporcionando tumbas, ajuares y ofrendas para preservar los cuerpos y espíritus de los difuntos.

Con raíces en la prehistoria egipcia, la religión

perduró por más de 3000 años, penetrando cada aspecto de la cultura egipcia. Es notable que el lenguaje egipcio careciera de un término equivalente al concepto europeo moderno de religión. La religión del Antiguo Egipto no adoptó una estructura monolítica; más bien, consistía en un extenso y diverso conjunto de creencias y prácticas, unidos por su enfoque compartido en la interacción entre el mundo humano y el divino. Las características de los dioses que habitaban el reino divino estaban intrínsecamente vinculadas al entendimiento egipcio de las propiedades del mundo en el que vivían.

Los egipcios concebían los fenómenos naturales como fuerzas divinas intrínsecas. Estas fuerzas, deificadas, abarcaban elementos, atributos animales y fuerzas abstractas. Creían en un panteón de dioses involucrados en todos los aspectos de la naturaleza y la sociedad humana. Las prácticas religiosas buscaban mantener y aplacar estos fenómenos para hacerlos propicios a los humanos. Este sistema politeísta era complejo, ya que algunas deidades se creía que existían en diferentes manifestaciones y tenían múltiples roles mitológicos. A su vez, muchas fuerzas naturales, como el sol, estaban asociadas con múltiples deidades. La diversidad del panteón iba desde dioses con funciones vitales en el universo hasta deidades menores o locales. Incluso incluía dioses adoptados de culturas extranjeras y, en ocasiones, seres humanos, como los faraones fallecidos, que eran considerados divinos, y destacados individuos como Imhotep, que también fueron deificados.

Las representaciones artísticas de los dioses no pretendían ser interpretaciones literales de su apariencia en caso de que fueran reales. Se creía que la verdadera naturaleza de los dioses era misteriosa. En lugar de eso, estas representaciones otorgaban formas reconocibles a deidades abstractas mediante imágenes simbólicas que indicaban el papel de cada dios en la naturaleza. Por ejemplo, Anubis, el dios funerario, era representado como un chacal, una criatura cuyos hábitos carroñeros amenazaban la preservación del cuerpo, pero esta amenaza se invertía para su protección. La piel negra de Anubis simbolizaba el color de la carne momificada y el fértil suelo negro, asociado con la resurrección. Esta iconografía no era estática, y muchos dioses podían representarse de diversas formas.

Varios dioses estaban vinculados a regiones específicas de Egipto, donde sus cultos eran prominentes. Sin embargo, estas asociaciones variaban con el tiempo, y la conexión de un dios con un lugar no implicaba necesariamente que su culto se originara allí. Por ejemplo, el dios Monthu fue el patrón inicial de la ciudad de Tebas, pero durante el Imperio Medio, Amón lo desplazó en ese papel, probablemente surgiendo de otro lugar. La popularidad y la importancia nacionales de los dioses individuales fluctuaban de manera similar a lo largo del tiempo.

Los dioses egipcios mantenían complejas interrelaciones que, en parte, reflejaban la interacción de las fuerzas que representaban. Los egipcios a menudo agrupaban dioses para ilustrar estas relaciones, ya sea en grupos de tamaño indeterminado relacionados por funciones similares o en combinaciones basadas en el significado simbólico de los números en la mitología egipcia, representando la dualidad de fenómenos opuestos.

Una de las combinaciones más comunes era la tríada familiar, que consistía en un padre, una madre y un hijo, adorados juntos. Otro grupo de gran importancia era la Enéada, que reunía nueve deidades en un sistema teológico que abarcaba las áreas mitológicas de la creación, el reinado y la vida después de la muerte.

Las relaciones entre las deidades también se expresaban mediante el sincretismo, donde dos o más dioses diferentes se vinculaban para formar una deidad compuesta. Este proceso reconocía la presencia de un dios "en" otro, cuando el segundo dios asumía un papel que pertenecía al primero. Estas conexiones entre deidades eran fluidas y no representaban una fusión permanente, permitiendo que algunos dioses desarrollaran múltiples conexiones sincréticas. A veces, el sincretismo unía deidades con características similares, mientras que en otras ocasiones unía dioses de naturalezas diferentes, como en el caso de Amón-Ra, que combinaba el poder escondido con la gran fuerza visible de la naturaleza.

Durante el Nuevo Imperio, el faraón Akenatón tomó una medida radical al abolir el culto oficial a otros dioses en favor del disco solar Atón. Aunque algunos interpretan esto como un primer indicio de verdadero monoteísmo, la teología atonista sigue siendo poco clara, y la idea de que Akenatón practicaba la monolatría en lugar del monoteísmo está en disputa. Akenatón no negó activamente la existencia de otros dioses; simplemente se abstuvo de adorar a aquellos que no fueran Atón. Después de su reinado, Egipto regresó a su tradicional religión, y Akenatón fue denostado como hereje.

Conceptos importantes

El concepto central en la cosmovisión egipcia era "Ma'at", una palabra que abarcaba varios conceptos en castellano, incluyendo "verdad", "justicia" y "orden". Ma'at representaba el orden fijo y eterno del universo, tanto en el cosmos como en la sociedad humana. Era esencial para la cohesión del mundo y existía desde la creación del mismo. Según la creencia egipcia, Ma'at siempre estaba amenazado por fuerzas del desorden, por lo que toda la sociedad tenía la responsabilidad de mantenerlo.

En el ámbito humano, esto implicaba la

cooperación y coexistencia de todos los miembros de la sociedad. A nivel cósmico, significaba que todas las fuerzas de la naturaleza, personificadas como dioses, debían mantener un equilibrio. Este objetivo era central en la religión egipcia, donde los egipcios buscaban sustentar a los dioses a través de ofrendas y rituales para apartar el desorden y perpetuar los ciclos naturales.

La concepción del tiempo en la cosmovisión egipcia estaba profundamente ligada al Ma'at. A través del pasaje lineal del tiempo, los egipcios veían un patrón cíclico que renovaba el Ma'at mediante eventos periódicos que reflejaban la creación original. Eventos como la inundación anual del Nilo, la sucesión de reyes y el viaje diario del dios sol Ra eran cruciales para mantener el orden cósmico.

La visión egipcia del cosmos representaba la tierra como una extensión plana personificada por el dios Geb, con la diosa del cielo, Nut, arqueándose sobre ella, separadas por el dios del aire, Shu. Bajo la tierra existían un inframundo e infracielo paralelos, y más allá de los cielos estaba la infinita expansión de Nu, el caos que existía antes de la creación. Además, los egipcios creían en un lugar llamado Duat, asociado con la muerte y renacimiento.

En este cosmos, habían tres tipos de seres sensibles: los dioses, los espíritus de los fallecidos que existían en el reino divino y los seres humanos. El faraón ocupaba un lugar especial como puente entre los reinos humano y divino, siendo el más importante entre los seres humanos.

La divinidad del faraón en la antigua cultura egipcia ha sido un tema de debate entre los egiptólogos. Es probable que los egipcios consideraran la autoridad real como una fuerza divina, viendo al faraón no solo como humano, sino también como un dios encarnado debido al poder divino inherente a la monarquía. Esta dualidad permitía al faraón desempeñar el papel crucial de intermediario entre la población y los dioses, siendo fundamental para mantener el Ma'at, tanto en la sociedad humana como en los rituales religiosos.

Aunque reconocían la humanidad y las debilidades del faraón, la percepción de su divinidad estaba arraigada en la creencia de que personificaba el poder divino del estado. Como resultado, el faraón supervisaba todas las actividades religiosas del estado y tenía la responsabilidad de mantener la justicia y armonía en la sociedad, así como de sostener a los dioses a través de templos y ofrendas.

A pesar de esta posición elevada, la importancia religiosa del faraón disminuyó significativamente hacia el final del Imperio Nuevo, y la brecha entre su papel idealizado en escritos oficiales y representaciones y su influencia en la vida real y prestigio podía ser considerable.

El faraón estaba estrechamente asociado con varias

deidades específicas. Era directamente identificado con Horus, simbolizando la monarquía, y considerado hijo de Ra, quien gobernaba la naturaleza de manera análoga a cómo el faraón regía la sociedad. Durante el Imperio Nuevo, también se asociaba con Amón, la fuerza suprema del cosmos. Tras su muerte, el faraón alcanzaba un estado completamente deificado, identificándose directamente con Ra y asociándose con Osiris, el dios de la muerte y renacimiento, y el padre mítico de Horus. Numerosos templos mortuorios estaban dedicados a la adoración de faraones fallecidos como divinidades.

Vida después de la muerte en el Antiguo Egipto:

 Los antiguos egipcios desarrollaron creencias detalladas sobre la muerte y la vida después de esta. Sostenían la idea de que los humanos poseían un "ka", una fuerza vital que abandonaba el cuerpo al morir. En vida, el ka se alimentaba de comida y bebida, por lo que creían que, para perdurar después de la muerte, el ka debía seguir recibiendo ofrendas espirituales de alimentos. Cada individuo también tenía un "ba", que comprendía las características espirituales únicas de la persona. A diferencia del ka, el ba permanecía unido al cuerpo después de la muerte. Los rituales funerarios egipcios tenían como objetivo liberar el ba del cuerpo para que pudiera moverse libremente y reunirse con el ka, dando lugar al surgimiento del "akh". Además, se consideraba crucial preservar el cuerpo, ya que el ba regresaba cada noche para recibir vida nueva antes de emerger por la mañana como un akh.

Inicialmente, se creía que solo el faraón tenía un ba, y solo él podía fusionarse con los dioses, mientras que los plebeyos muertos se dirigían a un reino oscuro y desolado opuesto a la vida. Los nobles recibían tumbas y recursos para su mantenimiento como regalos del rey, y su capacidad para acceder al más allá dependía de estos favores reales. En los primeros tiempos, se pensaba que los faraones fallecidos ascendían al cielo y habitaban entre las estrellas. Sin embargo, a lo largo del Imperio Antiguo, la figura del faraón se asoció estrechamente con el renacimiento diario del dios sol Ra y con el gobernante del inframundo Osiris, ya que la importancia de estas deidades creció.

Hacia finales del Imperio Antiguo (2686-2181 a.C.) y el Primer Periodo Intermedio (c. 2181-2055 a.C.), los egipcios comenzaron a desarrollar la creencia gradual de que la posesión de un "ba" y la oportunidad de experimentar un más allá paradisíaco se extendían a todos. En las creencias más elaboradas sobre la vida después de la muerte durante el Nuevo Imperio, se sostenía que el alma debía enfrentar diversos peligros sobrenaturales en el Duat antes de someterse a un juicio final conocido como el "Peso del corazón". En este juicio, los dioses evaluaban las acciones del difunto mientras estaba vivo (simbolizadas por el corazón) en comparación con el Ma'at, determinando si se había comportado de acuerdo con este principio fundamental. Se decía comúnmente que los fallecidos habitaban en el reino de Osiris, una tierra próspera y agradable en el inframundo.

La visión solar de la vida después de la muerte, en la cual las almas de los difuntos viajaban con Ra en su trayecto diario, seguía estando principalmente asociada con la realeza, pero se extendía también a otras personas. A lo largo de los reinos Medio y Nuevo, la idea de que el "akh" podía viajar en el mundo de los vivos y, en cierto grado, influir mágicamente en los eventos de este mundo, se volvió cada vez más común.

La creencia en una vida después de la muerte fue fundamental en la religión y la cultura del Antiguo Egipto. Aspectos clave de esta creencia:

1. Preparación para la Vida Futura:

Los egipcios se preparaban para la vida después de la muerte siguiendo normas establecidas, como las que se encuentran en el "Libro de los Muertos". Además, dedicaban esfuerzos a preparar tanto la tumba como el cuerpo del difunto para asegurar una transición exitosa al más allá.

2. División del Ka:

Creían que después de la muerte, el ka (doble en forma de espíritu) se dividía en ba (alma) y akh (espíritu). El ba residía en la tumba del difunto y tenía libertad para moverse. El akh se dirigía al inframundo para enfrentar un juicio.

3. Juicio en el Inframundo:

Osiris, el gran dios del inframundo, presidía el juicio del akh. Anubis pesaba el corazón del difunto en una balanza, mientras Ma'at, la diosa de la verdad y la justicia, colocaba su pluma en el otro lado. Si el corazón era igual de ligero que la pluma, el espíritu se unía a los buenos espíritus en una vida de paz y armonía. De lo contrario, enfrentaba castigos eternos.

4. Construcción de Tumbas y Pirámides:

La construcción de tumbas y pirámides era esencial para proporcionar un hogar al ba y akh en la vida futura. Se dejaban objetos, joyas, ropas, alimentos y juegos en la tumba para el uso del difunto en su otra vida.

5. Temor al Saqueo de Tumbas:

Los egipcios temían el saqueo de tumbas, ya que esto podía dejar al ba sin hogar y resultar en una segunda muerte más severa. Algunas veces, se colocaban estatuas del difunto en las pirámides como alternativa para proporcionar un refugio al ba.

6. Participación en la Vida Futura:

Inicialmente, solo los faraones tenían derecho a participar en la vida futura. Sin embargo, con el tiempo, esta creencia se extendió a todos los egipcios, y cada individuo se esforzaba por preparar su tumba y cuerpo según sus posibilidades económicas.

La vida después de la muerte ocupaba un lugar central en la concepción egipcia del cosmos, y las prácticas asociadas a ella eran esenciales en la sociedad y la religión del Antiguo Egipto.

Mitología egipcia

La mitología egipcia, practicada durante más de tres mil años, fue la base fundamental de la organización de la sociedad en el Antiguo Egipto. Sin embargo, en el año 535 d.C., durante el reinado de Justiniano I y con la ascendencia del cristianismo, se prohibió su práctica. Esta creencia influenció todos los aspectos de la vida, desde la estructura del poder con el faraón hasta las prácticas funerarias.

Entre los principales dioses de la mitología egipcia se encuentran Ra, Amón, Anubis, Atón, Horus, Osiris, Hapy, Atum, Bes, Ptah, Seth, Tot, Apis, Bastet, Hathor, Isis, Maat, Neftis y Tefnut.

En un principio la religión de los egipcios fue politeísta. Muchos dioses y de muy diversas procedencias y sin clasificación alguna. Los egipcios parecían sentir una singular complacencia en multiplicar sus dioses por cualquier medio imaginativo y circunstancial.

En esta época caótica se adoraba a Amon-Ra, el gran Ser, el Eterno, cuya compañera recibía distintos nombres, según las localidades, y ya era llamada Neith, ya Muth, ya Buto. Knufis o Knet era el espíritu creador del Universo, el gran demiurgo. Ptha pasaba por ser el gran organizador y el gran conservador. Menoes equivalía al Pan helénico, Suk, a Cronos; Dyom, a Jano o a Júpiter; Thme, a la Justicia; Thot, a Hermes; Athor, a Venus; Anuké, a Vasta.

Pero, para aumentar la confusión, cada uno de estos dioses era adorado bajo diferentes formas, ya con forma humana, ya con cuerpo humano y la cabeza del animal que lo simbolizaba, ya bajo la figura die este mismo animal.

Para llevar cierta claridad y algún orden a la mitología egipcia conviene dividir a sus dioses en tres clases:

- Dios primordial y sus derivaciones.
- Dioses siderales y físicos.
- Dioses con formas humanas e históricas.

Dioses siderales en Egipto

Inmediatamente después de estos tres dioses, pero antes que las restantes deidades, hallábanse las doce siderales, los seis Cabiros varones y los seis Cabiros hembras, cada uno de los cuales tenía una esfera o espacio para gobernar. Se les suponía hijos de Ftha, y estaban gobernados por Fre.

Los Cabiros varones eran llamados: Djom, Pi, Ertosi, Surot, Pi-Hermón y Remfa.

Los Cabiros hembras: Illit (la luna), Saté (el éter), Anuké (el fuego), Buto (la atmósfera), Athor (el agua) y Nefté (la tierra).

A continuación de los Cabiros estaban los Decanos deidades inferiores, cada una de las cuales tenía bajo su influjo un tercio del signo zodiacal, y siendo, por tanto, en numero de treinta y seis.

Los doce Cabiros están representados presidiendo sendos signos zodiacales, y debajo de cada Cabiro un grupo de tres Decanos. Los Decanos eran los genios tutelares del horóscopo y les era atribuido un cierto poder, lo mismo para el bien que para el mal. Genio tutelar de cada hombre era el Decano-Horóscopo que a su nacimiento regía.

Dios primordial en Egipto

Al dios primordial se le llamó Piromi, el excelso; este dios vivía desde la eternidad inactivo. Cuando se decidió a crear fue llamado Knef. A Piromi, creador de la luz o transformado en luz, se le mencionó como Ftha. A Piromi Sol se le dió el nombre de Fre.

Estos tres dioses, Knef, Ftha, Fre—en realidad uno mismo—, formaron la primera trinidad egipcia. Cada uno de ellos es Piromi. Los tres juntos son Piromi. Knef, criador, varón y hembra y a la vez, se unió con la palabra divina, y de esta unión nació el segundo demiurgo Ftha, dios del fuego y de la vida, quien, a su vez, creó la Tierra (Tho) y el cielo (Potiris). Como era también varón y hembra, se dividió y dió origen Pan-Mendes, el poder masculino de la producción, y a Hefestóbula, el poder hembra de la generación.

De la cópula divina salieron Pi-Re o Fre, el Sol, y, Pi-Ioh, la Luna; aquél, el ojo derecho del cielo; ésta, el ojo izquierdo.

Por tanto, las ocho deidades principales del primitivo Egipto fueron: Piromi - Buto, Knef - Neith, Ftha -Athor y Fre-Athor; deidades eternas, emanaciones o transformaciones de la inteligencia suprema.

Knef, primera revelación de Piromi y primera

deidad de la triada suprema (Knef, Ptha y Fre), fue conocida con numerosos nombres: Nef, Nev Nub, Nuf, Num, todos ellos sin la K inicial.

Unido a los diferentes atributos asignados a un mismo dios en cada localidad, motivó que se creyera que eran distintos dioses al que era uno mismo.

Así, Ammón fue el propio Knef; y como los sacerdotes sabían que los tres dioses de la triada eran un solo dios, dieron el nombre de Ammón a cada uno de ellos: Ammón-Knef, Ammón-Ftha y Ammón-Fre- Desde entonces Ammón resumió todos los nombres del dios más excelso para los egipcios. Y a Ammón se dedicaron los más soberbios templos en todo el país.

Ftha, segunda persona de la trinidad egipcia, era igualmente la segunda manifestación del dios primordial, Piromi; posiblemente se le creía hijo de Knef y Neith. En un orden de sucesión, Piromi es el dios preexistente; Knef, la voluntad creadora, y Ftha, el fuego primitivo.

Del Ftha, organizador y artífice del mundo, salieron dos deidades: Ftha. varón, o Pan-Mendes, y Ftha, hembra, o Athor, la Venus áurea,

Algo semejante que con Ammón pasó con Ftha-Athor. Se le confundió con Neith, con Buto y fue más tarde individualizada en Isis-Athor. Y ya con este nombre o con el de Isis asumió la representación del elemento femenino de la divinidad.

Fre, llamado también Ra, es el tercer demiurgo o la tercera manifestación del incomunicable Piromi. En el lenguaje teológico y trascendental de Egipto, Fre es el que emana de Ftha. Fre es el fuego individualizado, el fuego-luz, el Sol. De Fre emanaron: los planetas, los soles —de cada día, del saliente y del poniente, de cada estación del año—, los dioses terrestres cuyas aventuras reflejan fenómenos celestes, diversas personificaciones heroicos.

Por ser de los grandes dioses el único visible, Fre fue considerado como el gran dios, y hasta algunos mitólogos le pusieron al frente de la primera triada.

Encarnaciones en la mitología egipcia

En la teología egipcia tuvo importancia capital el sistema de las encarnaciones, y fue éste el origen del culto tributado a los animales, ya que en éstos se encarnaban los dioses. Osiris se encarnó en el buey Apis, de pelo negro, con una mancha blanca triangular en el testuz, otra en el costado derecho en forma de media luna, y otra en el lomo. Se le representa a Osiris-Apis con el disco solar entre los cuernos.

Sejet era la diosa gata, hija del Sol, castigadora de los culpables en el mundo infernal. Thot se encarnó en el ibis, anuncio de las inundaciones del Nilo y emblema de la sabiduría. Tifón se encarnó en el hipopótamo.

La comadreja fue adorada en la Tebaida; la musaraña, en Bulo; el macho cabrío, en Mendes; la cabra, en Coptos; el milano, en Hieracópolis.

Culto a Serapis

Sin embargo, todas las divinidades egipcias quedaron relegadas a un segundo término al aparecer, durante la dinastía de los Lágidas. el culto de Serapis. dios equivalente, según las opiniones más autorizadas, a Osíris-Apis, o, mejor, a Apis muerto y adorado en Menfis y en una capillita erigida entre las rocas de la costa.

Desde entonces Serapis sumó todos los atributos deicos; a Serapis se le rindieron, sumados, todos los honores. Serapis quedó asimilado con Amman, con Knef, con Zeus, con Aplo, ya que desde el reinado de Ptolomeo I todo el afán de los egipcios fue identificar sus divinidades con las de los griegos.

Serapis formaba triada con Isis y con Horo. El culto de Serapis se exendió por Asia, Tracia, Grecia e Italia. Solamente en Egipto tuvo, según declara el orador Arístides—siglo II de la era cristiana—, cuarenta y tres magníficos templos.

Sus principales atributos eran la tiara cilíndrica, las flores de loto, los signos del Zodíaco y una serpiente en espiral que rodeaba su cuerno. Su semblante tenía mucha semejanza con el de Zeus Olímpico.

Fuentes del mito en Egipto

Se conservan pocas narraciones de la civilización egipcia, por lo cual se han reconstruido los mitos a partir de testimonios indirectos.

Una de las fuentes para los mitos egipcios es el cuerpo de textos religiosos de carácter funerario, rituales e himnos para los cultos divinos, así como textos de magia.

Las representaciones pictóricas en tumbas, templos y pirámides proporcionan numerosos materiales, pero en pocos casos aparecen claramente episodios de los mitos. La mayoría procede de 1500 a. C. o más tarde.

Podemos citar relieves de los grandes templos, ornamentaciones de tumbas, ataúdes y otros objetos funerarios y mágicos.

Los mitos egipcios principales pueden aparecer en textos literarios bajo otra forma.

Mitos locales

Muchas deidades sólo eran importantes en ciertas regiones o variantes locales de dioses nacionales.

Algunos mitos explican características locales, como el origen de una montaña o las asociaciones de un edificio antiguo.

Otras, las más conocidas de las cuales pertenecen aja época grecorromana, se impusieron en todo el país.

Cronología civilización egipcia

Período de formación	3200-3000 a. C.
Período dinástico antiguo	3000-2550 a. C.
Imperio antiguo	2550-2150 a. C.
Primer período	2150-1980 a. C.

intermedio

Imperio medio	1980-1640 a. C.
Segundo período intermedio	1640-1520 a. C.
Imperio nuevo	1540-1070 a. C.
Tercer período intermedio	1070-664 a. C.
Época Baja	664-332 a. C.
Época grecorromana	332 a. C.-395 d. C.

Tebas

Tebas, la actual Luxor, fue capital desde h. 2000 a.C. hasta h. 1520-1450 a.C). Principal centro religioso durante más de un milenio, es el emplazamiento con los mayores complejos de templos del mundo antiguo y con los enterramientos reales del Valle de los Reyes. Su dios principal, Amón quizá surgiera en otra región y suplantara al dios-halcón Montu de Arment.

Creación

A pesar de la falta de escrituras religiosas unificadas, los egipcios produjeron numerosos textos religiosos de diversos tipos. Estos textos dispares, cuando se combinan, proporcionan un entendimiento extenso pero aún incompleto de las prácticas y creencias religiosas egipcias.

En cuanto a los mitos egipcios, estos eran relatos metafóricos destinados a ilustrar y explicar las acciones y roles de los dioses en la naturaleza. Los detalles de estos eventos podían cambiar para transmitir diferentes perspectivas simbólicas de los misteriosos eventos divinos que describían, lo que llevaba a la existencia de diferentes y a veces conflictivas versiones de los mitos. La falta de narrativas míticas escritas en su totalidad y la presencia de episodios dispersos o alusiones en los textos hacen que el conocimiento de la mitología egipcia se derive principalmente de himnos, textos rituales y mágicos, así como de textos funerarios que mencionan los roles de las deidades en el más allá. Además, algunos mitos fueron registrados por griegos y romanos, como Plutarco, al final de la historia egipcia.

Entre los mitos egipcios significativos se encuentran los mitos de la creación, que narran la emergencia del mundo desde el primordial océano de caos. Estos relatos describen el proceso de creación de diversas maneras, como la transformación del dios primordial Atum, el discurso creativo del dios intelectual Ptah y el acto del poder oculto de Amón. A pesar de estas variaciones, el acto de creación representa el establecimiento inicial del Ma'at y establece el patrón para los ciclos de tiempo subsecuentes.

El mito más importante de la mitología egipcia es el mito de Osiris e Isis. Este relato narra la historia de Osiris, un gobernante divino asesinado por su celoso hermano Seth, asociado con el caos. Isis, esposa de Osiris, lo resucitó para concebir a su heredero, Horus. Osiris se convirtió en el gobernante de los muertos en el inframundo, y Horus, al crecer, venció a Seth para convertirse en rey. La asociación de Seth con el caos proporcionó una base para la sucesión faraónica, retratando a los faraones como mantenedores del orden. Este mito también se relaciona con el ciclo agrícola egipcio y sirve como modelo para la resurrección de las almas humanas.

Otro motivo mítico importante es el viaje nocturno de Ra a través del Duat. En este viaje, Ra se encuentra con Osiris, quien actúa como agente de regeneración, renovando la vida de Ra. Además, Ra enfrenta a Apofis, un dios serpentino del caos, cada noche. La derrota de Apofis y la reunión con Osiris aseguran el ascenso del sol al amanecer, simbolizando el renacimiento y la victoria del orden sobre el caos.

Mientras que la teología cristiana posee un único relato sobre la creación, en el antiguo Egipto se ha registrado ía cuatro historias.

Cada una de estas historias sobre la creación está relacionada con una ciudad importante

- Heliópolis,
- Menfis,
- Hermópolis y
- Esna-,

así como con un dios fundamental: Atón -más tarde equiparado a Ra-, Ptah, Thot y Jnum respectivamente.

La creación: ave benu

El ave benu también guardaba relación con el culto solar de Heliópolis. En el arte egipcio, se la representaba como una garza real, pero hay referencias a ella como ave fénix, símbolo por tanto de la resurrección (en otras mitologías, resurge de las cenizas de su propia pira funeral).

En un papiro del siglo XIII a. C. se representa al ave Benu, venerada en Heliópolis como la primera deidad, los griegos la identificaban con el ave fénix, que se quema cada medio siglo y renace de sus cenizas.

En Heliópolis, el ave Benu se muestra posándose en el extremo de una piedra menuda en forma de pirámide, el benben. Esta dio pie a las impresionantes parejas de obeliscos que se alzaban ante los altos pilónos protectores a la entrada de los templos.

Consagrados al dios solar, sus extremos piramidales estaban a menudo embellecidos de oro, plata o electrum (una aleación natural de oro y plata), para que pudieran captar y reflejar los primeros rayos del sol, el dios Ra-Harajte, que "se alza en su horizonte".

Muchos de estos obeliscos desaparecieron de Egipto desde fines de la Edad Antigua, y hoy día adornan algunas capitales modernas, donde reciben erróneamente el nombre de "Agujas de Cleopatra", pese a ser mucho más antiguos y no tener nada que ver con esta última faraona egipcia, que acabó suicidándose en agosto del año 30 a. C.

La creación: Esna

En Esna, el templo estaba dedicado al dios con cabeza de carnero Jnum. Se pensaba que había sido él quien formó al hombre en su rueda de alfarero, si bien por duplicado, ya que cada cual contaba con un ka, un doble. Éste era el espíritu que permanecía cerca de a tumba del difunto, mientras que su ba, su alma, con la forma de un ave con cabeza de ser humano, al morir volaba al otro mundo.

La versión más completa de la creación está esculpida en los muros del templo de Esna y cuenta sobre una diosa llamada Neith, relacionada con la ciudad de Sais en el Delta, que surgió antes incluso que el túmulo primordial que emergió de las Aguas de Nun para crear el mundo.

Mientras que para una mente religiosa moderna

cuatro versiones básicas de la historia de la creación serían motivo de inquietud e in certidumbre, a los antiguos egipcios no les planteaba ningún problema.

Cada leyenda sobre la creación tenía sus precedentes en su lugar apropiado, aunque era la versión de Heliópolis la que ocupaba una posición prominente a causa de su relación con el sol y el jefe de los dioses, Ra, que más tarde se asimiló a Amón de Tebas para convertirse en el gran dios Amón-Ra.

La creación: Heliópolis

En Heliópolis, *Ciudad del Sol*, Atón estaba a solas sobre un duna que había emergido de las Aguas primordiales de Nun, que cubrían el mundo (como ocurría en la inundación del Nilo). Cuando se dio cuenta de que necesitaba de otros dioses para que lo asistieran en la creación, se masturbó y del semen surgieron otros dos dioses: Shu, dios del cielo, y Tefnut, su hermana, diosa de la humedad. Sus hijos fueron Geb, dios de la tierra, y Nut, diosa del cielo (dichas relaciones, matrimonios consanguíneos, normalmente rechazados por incestuosos en el mundo moderno, no eran infrecuentes en la mitología antigua). En los papiros, Nut aparece arqueada sobre Geb, y Shu los separa a sus respectivas esferas. Geb y Nut tuvieron cinco hijos: Osiris, Isis, Horus el Viejo, Set y Neftis -nacidos en cinco días consecutivos, fuera del calendario normal de 360 días.

Ocurrió (y ello se refleja en la mitología clásica) a causa de una profecía según la cual los hijos de Nut sobrepasarían en poder a Atón-Ra (al igual que los hijos de Cronos, por medio de Rea, desbancarían a su padre). Al haber nacido en jornadas que no figuraban en el calendario, quedó resuelto el problema de la maldición de que Nut no alumbraría en ningún día del año.

La creación: Menfis y Hermópolis

Menfis

En Menfis, la tradicional capital de Egipto desde la I Dinastía (h. 3100 a. C), la principal deidad era el dios creador Ptah. Según cuenta la leyenda, Ptah precedió a Atón, ya que fue él quien formó el corazón y la lengua del segundo. Ptah fue especialmente venerado como dios de los artesanos y trabajadores manuales, y entre sus muchas advocaciones figuraba la de "padre y madre de todos los dioses".

Hermópolis

Una tercera leyenda relativa a la creación se localizaba en Hermópolis, un apreciado centro de culto del dios Thot. Se lo solía representar con la cabeza de un ibis, y el mandril era un animal muy querido por su carácter sagrado y por que se lo relacionaba con él. Era el dios de la sabiduría y el estudio, así como el inventor de los jeroglíficos, vocablo que significaba literalmente "escritos sagrados". Era especialmente el dios tutelar de los escribas y también guardaba relación con la luna.

Una variante en torno a la leyenda de la creación expone que fue en Hermópolis y no en Heliópolis donde el túmulo primordial emergió de las Aguas de Nun. De un huevo apoyado en el túmulo surgió el dios solar. En otra versión alternativa, se dice que una flor de loto creció en el túmulo, y que sus hojas se abrieron para dar a conocer al joven dios de la creación, Nefertum.

El origen del mundo en Egipto

La disposición que surge del caos

Antes de la aparición de los dioses en Egipto, sólo existía un oscuro abismo acuoso, el Nun, cuyas caóticas energías contenían la forma potencial de todos los seres vivos. El espíritu del creador estaba presente en estas aguas primigenias, pero no había un lugar en el que pudiera cobrar vida. La gran serpiente Apep o Apofis encarnaba las fuerzas destructivas del caos.

El acontecimiento que señaló el inicio de los tiempos fue la emergencia de la primera tierra, que salió de las aguas del Nun y proporcionó un soporte a la primera deidad. En algunos casos, adoptaba la forma de un ave, o una garza, que se posaba sobre el montículo de tierra primordial. Según otra versión de la creación, el loto primordial surge de las aguas y al abrirse deja al descubierto a un dios niño.

La primera deidad estaba dotada de varias potencias divinas, como Hu («Palabra Autorizada»), Sia («Percepción») y Heka («Magia»). Valiéndose de estas potencias, transformó el caos en orden, orden divino personificado por la diosa Maat, hija del dios del sol. El término Maat significa asimismo justicia, verdad y armonía.

El orden divino corría constante peligro de disolverse en el caos del que había nacido.

La primera deidad tomó conciencia de su soledad y creó a dioses y hombres a su imagen y semejanza, y un mundo para que lo poblaran. Según el mito, los dioses proceden del sudor del dios del sol y los seres humanos de sus lágrimas.

Por lo general, el poder creativo se vincula con el sol, pero existen varias deidades a las que se considera creadores. En el templo del dios del sol en Heliópolis, el ave Benu era la primera deidad. Representada en forma de garza, la radiante ave era una manifestación del dios creador del sol y llevó la luz a la oscuridad del caos. Cuando se posó en la tierra primordial, emitió un grito, el primer sonido.

La destrucción

Luego de la creación del mundo y el hombre, proliferaron los dioses; muchos de ellos estaban estrechamente emparentados entre sí, como los 12 dioses del Olimpo en la mitología griega. Y, del mismo modo que en la tradición cristiana, existe una historia de destrucción.

El hombre estaba demasiado ocupado consigo mismo y estaba olvidando a los dioses, a quienes no les presentaba las ofrendas debidas. Ra, jefe de los dioses, consultó a los demás para ver cómo castigar al hombre y obligarlo a proseguir con las observancias religiosas.

Convinieron en enviar a la tierra a Sejmet, diosa con cabeza de león, que representaba el vigor del sol del mediodía y era por tanto la personificación del mal, capaz de matar al hombre. Allí emprendió una matanza indiscriminada, complacida al saborear la sangre.

Los dioses quedaron horrorizados al descubrir el resultado final, la extinción de la humanidad, pero Sejmet mostraba una auténtica lujuria sanguinaria que no parecía tener fin.

Finalmente los dioses consiguieron torcer sus planes mediante un engaño: anegaron un campo con un bebedizo rojo (jakadi) que parecía sangre, pero estaba formado con una mezcla de cerveza fuerte.

Sejmet se sació con él y cayó en un profundo sopor. Al despertar, la matanza había concluido y el hombre había aprendido la lección de no desatender a los dioses.

La ogdoada

En el antiguo Egipto, las fuerzas del caos podían personificarse en ocho divinidades, la Ogdoada.

La Ogdoada estaba formada por cuatro parejas, cada una de las cuales simbolizaba un aspecto del estado primigenio.

Nun y Naunet eran el dios y la diosa de las aguas primordiales, Kek y Keket las deidades de la oscuridad, Amón y Amaunet encarnaban un poder invisible y Heh y Hehet lo ilimitado.

A veces se incluían otras parejas en la Ogdoada, pero el número total de deidades era siempre ocho, que se imaginaban en forma de serpientes y ranas, seres del limo primigenio. En otros casos, aparecen como mandriles saludando el primer nacimiento del sol.

Los egipcios veneraban la Ogdoada principalmente en un lugar llamado Khemenu («Octava Ciudad») y los griegos en Hermópolis, emplazamiento de la «Isla de Fuego», donde nació el sol la primera vez.

La Ogdoada se unió para formar el huevo cósmico, en el que se incubó el dios del sol. Se dice que una parte de la cascara del huevo cósmico está enterrada en el templo de Hermópolis.

Dioses creadores

Los egipcios tenían cuatro divinidades creadoras principales: Amón-Ra, Atón, Khnum y Ptah, y en cada una de ellas se centraba un culto importante.

Amón-Ra. Miembro de la Ogdoada, se le adoraba como dios de la fertilidad en Tebas, Alto Egipto. En el II milenio se convirtió en dios nacional y su nombre se fusionó con el de la suprema deidad solar, Ra, dando lugar a Amón-Ra, el poder oculto que hacía a los dioses. Amón en forma de serpiente fue el primer ser de las aguas primordiales, que fertilizó el huevo cósmico formado por los demás miembros de la Ogdoada. Según otro mito, Amón, en forma de ganso, puso el huevo cósmico del que surgió la vida.

Atón. Deidad creadora adorada en Heliópolis que emergió del caos primordial en forma de serpiente, pero normalmente se mostraba en forma humana. Como Atón-Ra representaba el sol vespertino que tenía que regresar al vientre de Nut para renovarse todas las noches.

Al igual que otras deidades creadoras, Atón representaba una totalidad que contenía lo masculino y lo femenino. Según un mito primitivo, como Atón se sentía solo en la tierra primordial, coge su falo con la mano y produce semen, del que surge la primera pareja divina, Shu y Tefnut.

La mano de Atón

Según una reinterpretación del mito de Atón, la creación comenzó con la unión sexual de un dios y una diosa. El elemento femenino se identifica con la mano de Atón. De las diversas diosas que podían llamarse «la mano», las más importantes eran Hathor y Neith. En esta cabeza de fayenza se combinan los atributos de Hathor y los de Nut, otra diosa que encarnaba el poder creador femenino.

Khnum. El principal centro de culto a Khnum se encontraba en la isla meridional de Elefantina. Se creía que controlaba la crecida anual del Nilo y que encarnaba el poder vivificador de la inundación. Su animal sagrado era el carnero, símbolo de virilidad, y normalmente aparecía representado como un hombre con la cabeza de este animal.

En su templo de Esna se le describe como «padre de padres y madre de madres». Modelaba a los dioses, a las personas y a los animales con barro en su torno de alfarero y les insuflaba vida.

Ptah. Adorado en Menfis, Ptah era el dios de las artes y daba forma a los dioses y los reyes con metales preciosos. Potencia intelectual oculta tras la creación, hizo a los demás dioses pensando en ellos y pronunciando sus nombres en voz alta.

La eneada

En el relato egipcio de la creación que ofrece más detalles aparecen las deidades conocidas como los nueve dioses de Heliópolis, la Eneada (del término griego enea, nueve).

El primero es Atón-Ra, que cobró vida en el montículo de tierra primordial y planeó la multiplicidad de la creación en su corazón.

Hizo la primera división entre lo masculino y lo femenino al poner su semen en la boca y escupir a Shu, dios del aire, y a Tefnut, diosa de la humedad. Ambos exploraron el oscuro Nun y se perdieron, pero Atón-Ra envió en su busca a su ojo divino, poderosa potencia considerada hija del dios del sol.

La diosa regresó con Shu y Tefnut, y los primeros seres humanos surgieron de las lágrimas que derramó Atón-Ra al reunirse con sus hijos.

De la unión sexual de Shu y Tefnut nacieron Geb, dios de la tierra, y Nut, diosa del cielo, quienes se fundieron en tan estrecho abrazo que no quedó espacio para que existiera nada entre ellos.

Geb dejó embarazada a Nut, pero la diosa no pudo dar a luz a sus hijos hasta que Shu, el padre de ambos, los separó. Con la ayuda de ocho seres conocidos como dioses Heh, Shu sostuvo a la diosa del cielo por encima de la tierra y así dejó suficiente espacio para los seres vivos y para el aire que necesitaban respirar.

 Los egipcios creían que existía otro cielo bajo la tierra.

Árbol genealógico de la Eneada

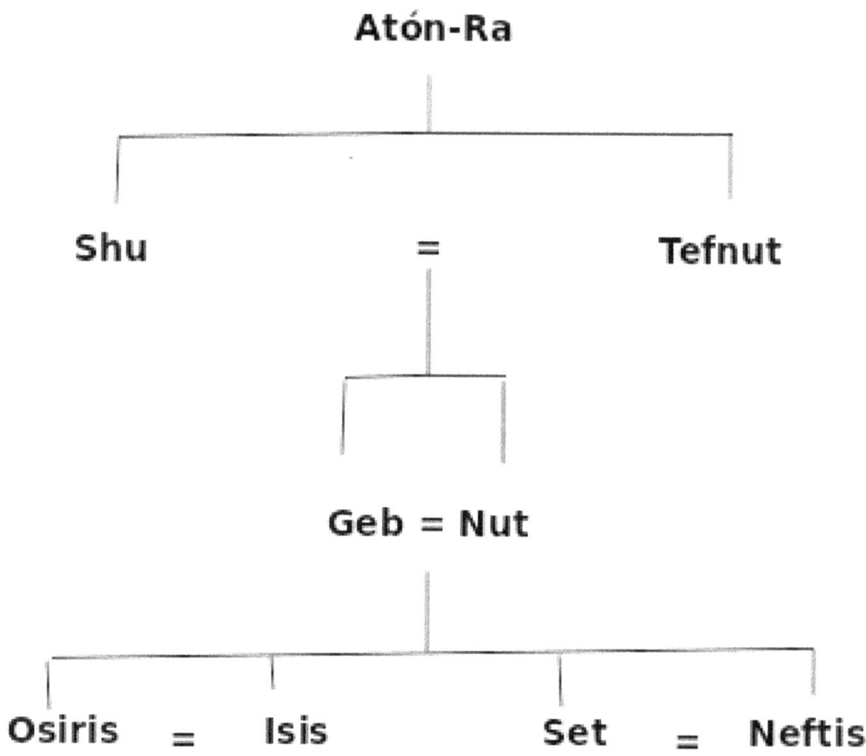

Dioses de Egipto

Atón-ra

Las aguas primordiales seguían rodeando el cosmos formado por tierra y cielo. La diosa del cielo adoptaba en unas ocasiones la forma de una mujer desnuda arqueada sobre la tierra y en otras la de una vaca modelada con estrellas.

Se decía que todas las noches se tragaba al sol y a veces se le acusaba de querer tragarse también a sus hijos, y en estos casos se representaba a Nut como una cerda, animal que se caracteriza por devorar a sus propias crías.

Los hijos de Nut eran dos pares de gemelos, Osiris e Isis y Set y Neftis. Osiris e Isis se enamoraron en el vientre materno, pero Neftis odiaba a su hermano Set.

Por ser el hijo mayor de Geb y Nut, Osiris estaba destinado a gobernar Egipto.

Ra y el castigo de la humanidad

En un texto de uno de los sepulcros dorados de la tumba de Tutankamón (que reinó entre h. 1336a.C. y 1327 a. C), que aparece asimismo en los muros de enterramientos reales de época posterior, se habla de una época en la que Ra, dios del sol creador, vivía en la tierra como soberano de dioses y hombres.

Cuando el dios del sol empezó a envejecer, los seres humanos decidieron conspirar contra él. Al verlo, Ra llamó a su divino ojo, bajo la forma de la diosa Hathor, así como a Shu, Tefnut, Geb, Nut y los ocho dioses primordiales de la Ogdoada. Ra pidió consejo a Nun, el mayor de los ocho dioses, sobre lo que debía hacer con los rebeldes. Nun y los demás dioses le aconsejaron que enviara a su ojo divino a destruir la humanidad. Ra accedió, y la diosa del ojo cambió la forma de Hathor por la de Sekhmet, la leona rugiente, que mató a varias personas y caminó por entre su sangre.

Ra decidió salvar al resto de la humanidad. Con el fin de distraer a Sekhmet de su orgía asesina, ordenó al sumo sacerdote de su templo de Heliópolis que hiciera 7.000 jarras de cerveza y la tiñera de rojo. Cuando lo hubo hecho, vertieron la cerveza en el suelo para que pareciera un lago de sangre. La diosa del ojo vio el lago y su reflejo en él. Bebió la cerveza y se emborrachó de tal modo que se olvidó de matar al resto de la humanidad. Abandonó la forma de la fiera Sekhmet y se transformó de nuevo en la hermosa Hathor, pero, aunque la humanidad se libró de las iras de la leona, surgieron la peste y la muerte.

Ra estaba tan triste que anhelaba poner fin a la creación y regresar al abismo acuoso. Nun ordenó a

Shu y a Nut que le ayudaran a proteger al dios del sol. La diosa del cielo se convirtió en vaca y llevó a Ra al firmamento, donde el dios creó las estrellas y los campos del paraíso. Nut se tambaleó al estar tan arriba, pero Shu y los ocho dioses Heh la sujetaron.

Todos los días, el dios del sol atravesaba el cielo y cada noche entraba en los infiernos. Al hacerlo, la oscuridad de la noche aterrorizaba a la humanidad, y Ra decidió crear la luna para que iluminase el cielo durante su ausencia y nombró su delegado a Thot, dios de la luna. Ra advirtió al dios de la tierra, Geb, sobre los poderes mágicos de las serpientes del caos y eligió a Osiris para que reinara sobre la humanidad.

Los egipcios creían que este cosmos no duraría eternamente. Llegaría un momento en el que el creador se sentiría tan triste que él y todas sus obras se disolverían en el caos y entonces volvería a comenzar el ciclo de la creación.

Osiris e isis

El mito más importante al que los egipcios prestaron atención y con el que mayores afinidades tenían era el de Osiris y su esposa y hermana Isis. Como ocurre tan frecuentemente, se trata de una historia de celos, el enfrentamiento del mal contra el bien, las adversidades que tiene que afrontar el bien y el triunfo final de éste sobre el mal, que conduce invariablemente a algún tipo de recompensa, la vida eterna, etc.

Este argumento es un potente aspecto de tantos mitos del mundo antiguo (y del mundo moderno) que es difícil localizar con acierto sus orígenes, aunque algunos indican que Osiris era un dios que llegó a Egipto desde la región del Creciente Fértil en el antiguo Oriente Próximo.

Osiris, el dios bondadoso, tenía un hermano celoso, Set, que se las ingenió para matarlo mediante un engaño. Para celebrar el retorno de su hermano Osiris de una visita al extranjero, Set organizó una gran fiesta en palacio, en el curso de la cual los criados de Set trajeron un arca magníficamente decorada. Set propuso que todos los invitados se tumbaran en ella y que, si alguno cabía a la perfección, obtuviese el estupendo objeto.

Todos lo intentaron, pero fracasaron por ser demasiado altos, bajos, gruesos o delgados (el motivo presenta alguna semejanza con el mito griego tardío de Teseo y el gigante Procusto, que "adaptaba" a quienes dormían en su cama cortándoles las extremidades o estirándoselas hasta que encajaban correctamente). Al final, Set convenció a su hermano Osiris para que se uniera al juego y midiera el arca. Como es natural, Osiris encajó a la perfección en ella, puesto que Set la había confeccionado a su medida. A una señal de Set, sus partidarios se precipitaron en la sala, obligaron a salir a los seguidores de Osiris, sellaron la tapa del arca, que se convirtió en el féretro de Osiris, y lo lanzaron al Nilo.

El arca que contenía el cuerpo de Osiris flotó hasta el mar y apareció en la playa de la ciudad de Biblos, en el Líbano. Al llegar cerca de una fuente de agua dulce que discurría hacia el mar, el arca quedó enredada entre las raíces de un árbol enorme, que fue creciendo y encerró en su tronco el arca-ataúd. El rey de Biblos vio el fantástico árbol y lo mandó talar para convertirlo en la columna central de su nuevo palacio.

Isis

Para el egipcio medio, Isis era la deidad más importante de su panteón. Era la personificación de todo lo que significaba la vida humana y de todo cuanto estaba gobernado por ella. Era la "Gran Madre", la constante esposa amante, la "Reina del Cielo" (advocación compartida con la Virgen María en el cristianismo) y fiel protectora de la familia y los valores familiares.

Se la solía representar como una madre sentada amamantando a su hijito Horus en el regazo. La iconografía es muy similar a la de María y el Niño Jesús, y ello dio pie a numerosas diatribas religiosas entre los antiguos Padres de la Iglesia cristianos. Su principal templo se encontraba en la isla de Filas, cerca de Asuán.

Su culto pervivió aun después de la caída de la civilización egipcia y de hecho se conocen templos consagrados a ella de época romana y en lugares remotos del imperio, incluso en el Londres romano.

Isis en Biblos

La apenada viuda, Isis, buscó el arca por todo Egipto; al final, valiéndose de sus poderes mágicos, localizó el cuerpo en Biblos. Al saber que el arca y el cuerpo formaban parte del palacio, tuvo que buscar el modo de entrar en él. Se disfrazó de anciana y se sentó junto al arroyo de agua dulce que bajaba hasta la orilla del mar donde las criadas de la reina de Biblos iban a hacer la colada. La encontraron allí y se apiadaron de esa "vieja dama"; le llevaron alimentos y la trataron amablemente. En pago, les enseñó a trenzarse el cabello, si bien no pudo disimular su olor de diosa, y la reina se percató pronto de los nuevos peinados y del perfume y se interesó por estos cambios. Las criadas le hablaron de la dama anciana y solitaria con la que habían hecho amistad a la orilla del mar y que estaba sentada allí día y noche, aparentemente apenada, aunque no les había contado la causa de sus penas.

La reina acababa de dar a luz a un hijo y heredero, y estaba buscando una niñera. La anciana dama parecía la persona ideal y fue llamada a palacio. Isis (con su disfraz) aceptó el puesto de niñera, a condición de que la dejaran a solas con el niño durante la noche. Aunque a la reina aquello le pareció una petición extraña, dio su consentimiento. Por la noche, la diosa se encerraba en la gran sala, a solas con el niño. Las criadas aseguraban oír un ruido extraño después de anochecer -como el gorjeo de un ave- y se lo comunicaron a la reina.

Una noche, ésta se ocultó detrás de unas cortinas y, cuando oyó el gorjeo, salió y vio a su hijo tendido sobre las brasas candentes del fuego y a una golondrina (Isis se había metamorfoseado) que volaba alrededor de la columna dando voces. Aterrada, la reina tomó al niño en brazos; a continuación, la diosa se dio a conocer y reprendió a la reina acusándola de estar loca, puesto que ella, la diosa, estaba consumiendo en el fuego la mortalidad de la criatura.

Se llamó al rey, y ambos monarcas veneraron a la diosa y le preguntaron qué podían darle. Reclamó la columna del tronco del árbol que encerraba el arca que contenía el cuerpo de su esposo. Como es natural, su petición fue satisfecha, cayó la techumbre de la gran sala, e Isis se llevó el cuerpo de Osiris a Egipto y lo ocultó en las marismas del Delta, donde lo dejó al cuidado de su hermana Neftis.

Osiris

Osiris, hermano de las diosas Isis y Neftis y esposo de Isis, se convirtió en el dios de la muerte.

Como tal, era uno de los dioses más venerados del antiguo Egipto.

Era al pasar por la Sala del Juicio y ser presentado ante él como una persona justa (ma'at heru -"de voz veraz"-) cuando el difunto podía albergar la esperanza de una vida de ultratumba.

El "cielo" egipcio se encontraba en tierras muy alejadas de occidente, donde se ponía el sol: una de las advocaciones principales de Osiris era la de "Primer Señor de los Occidentales".

En épocas posteriores, las figuras ushabti, destinadas a trabajar en lugar de la persona difunta en el otro mundo, relacionaban al muerto con el dios y la inscripción que llevaban lo identifican como "El Osiris N".

Abidos, centro del culto de Osiris, era el lugar más sagrado del antiguo Egipto, y allí Seti I (1291-1278 a.C.) construyó el más hermoso de todos los templos egipcios.

Osiris el defensor del orden

En un pendiente de oro (h. 850 a.c.) se representa a Osiris momificado, flanqueado por Isis y su hijo Horus. Tras su muerte, Osiris reinó en los infiernos (Duat). Considerado en época primitiva rey temible de un mundo de demonios, pasó a ser el juez justo que recibía a los difuntos virtuosos en el paraíso.

Osiris fue el primer rey y su hermana Isis su consorte (ver árbol genealógico). Se le rendía culto como dios de la agricultura y enseñó a la humanidad los secretos del cultivo y la civilización. Su gobierno estaba amenazado por las fuerzas del caos, en las que militaba su hermano Set. Según uno de los mitos, en la creación surgieron las disensiones cuando Set salió bruscamente del vientre materno.

La muerte del buen dios Osiris constituye uno de los acontecimientos más importantes de la mitología egipcia, pero su historia raras veces se recogió en detalle. Se mencionan dos etapas en este episodio: su asesinato y su desmembramiento. Los primeros relatos se limitan a decir que Set arrojó a Osiris al río en Nedyet, lugar mítico que en algunos casos se identifica con una parte de Abidos, el recinto sagrado en el que se celebraban los misterios de Osiris.

Según versiones posteriores, Osiris se ahogó en el Nilo y se considera su asesino a Set, que adoptó la forma de cocodrilo o hipopótamo para atacar a su hermano inocente, si bien según cierta versión se transformó en toro y pisoteó a Osiris hasta que el dios murió. Más adelante, el dios Horus le cortó la pata con la que lo había pisoteado y la arrojó hacia el cielo, donde pasó a formar parte de la constelación de la Osa Mayor. Según otra tradición, Set se convirtió en un pequeño insecto, quizá un mosquito, y picó a Osiris mortalmente en un pie.

Isis inició la búsqueda de su marido y evitó que se degradase su cadáver valiéndose de sus poderes mágicos. Llamó al dios chacal Anubis, que embalsamó y vendó el cuerpo del dios, la primera momia. Según versiones posteriores del mito, Set encontró el divino cuerpo de Osiris, lo hizo pedazos y los enterró en diversos lugares de Egipto: la cabeza en Abidos, el corazón en Atribis, una pierna en la isla de Biga, y así sucesivamente. El desmembramiento de Osiris se comparaba con la siega y la trilla anuales del trigo y la cebada. Se creía que el dios renacía cuando crecían las nuevas simientes.

Isis regresa a Egipto

Permaneciendo inmóvil sobre el cuerpo de Osiris, en figura de halcón, tal como está representado en los muros del santuario de Osiris en el templo de Abidos, Isis quedó encinta y, a su debido tiempo, alumbró a Horus.

Sin embargo, el malvado usurpador del trono de Osiris, Set, yendo un día de caza, descubrió el cuerpo en las marismas. Ambas diosas se habían ausentado, así que troceó el cuerpo en 14 partes y las diseminó por todo Egipto. Una vez más, la viuda doliente se lanzó a recuperar el cuerpo de su marido, ahora descuartizado.

La leyenda explica que viajó en un esquife de papiro y que, al saber los cocodrilos el motivo de su atribulado viaje, no la atacaron (tampoco lo hacen hoy en día en los relatos folclóricos modernos, puesto que en ellos se evoca a la diosa y su búsqueda).

Otra versión del mito explica que Isis enterró cada parte del cuerpo de su esposo donde la fue encontrando, y fundó allí un templo. Otra interpretación cuenta que reunió todas las partes, salvo una, el falo, que no pudo ser hallado porque el pez Oxirinco se lo había tragado.

Después de ello, el pez fue repudiado en todas partes, excepto en la ciudad de Oxirinco, en el Fayum, donde era considerado sagrado.

El cuerpo (o, según otra versión, sólo la cabeza) fue enterrado en Abidos, que se convirtió en el lugar más sagrado del antiguo Egipto; allí se construyó uno de los templos más bellamente decorados de tiempos del faraón Seti I (1291 -1278 a. C).

Normalmente, cada templo egipcio contaba con siete santuarios, dedicados respectivamente al propio rey, a Ptah, a Ra-Harajte, a Amón-Ra, a Osiris, a Isis y a Horus.

Anubis, el dios con cabeza de chacal, salió en ayuda de Isis cuando ya había reunido 13 partes del cuerpo, y fue él quien se encargó de embalsamar los restos de Osiris. No sólo actuaba como dios embalsamador, sino como guía de las almas, ya que las encaminaba hacia el occidente, el emplazamiento del "cielo" egipcio.

Isis averigua el nombre secreto de ra

Después del dios solar Ra, Isis era la deidad egipcia más importante, por haber descubierto el nombre secreto de Ra. Conocer un nombre significaba tener poder. Isis ansiaba dicho poder, por lo que intrigó para averiguar el nombre secreto de Ra. Cuando éste se hizo mayor, dormitaba mucho y la saliva le goteaba por la barbilla. Isis recogió con cuidado un poco de ella y la usó para humedecer barro con el que formó una serpiente venenosa.

Los dioses sólo eran vulnerables a algo de su propia naturaleza, así que Isis dio vida a la serpiente y la abandonó en el lugar por donde pasaba Ra. Naturalmente, la serpiente lo mordió y le inyectó veneno cuando aquél pasó por allí. Ra estaba agonizando de resultas de la mordedura, ya que, sin él saberlo, la serpiente estaba compuesta, en parte, de la propia esencia mágica de Ra, de su saliva. Ra se estremecía de fiebre y tenía dificultad para hablar. Isis le preguntó qué era lo que lo afligía, a pesar de que conocía muy bien la causa.

El expuso sus terribles síntomas y ella se ofreció a cuidar de él, pero sólo si le comunicaba su nombre secreto. El se retrajo y le dio una retahíla de nombres descriptivos, pero ella sabía que ninguno de ellos era el nombre secreto. Así que procuró que el veneno agravase su efecto y le preguntó otra vez por el nombre. Al final, cuando ya no podía soportar el dolor, se avino a decírselo, pero sólo en privado y en ausencia de los otros dioses.

Ella tuvo que prometer que no se lo comunicaría a nadie. Después de cobrar el conocimiento que deseaba, sanó a Ra y le extrajo el veneno. Ahora ya conocía el nombre secreto, que si tenía que utilizar alguna vez le daría poder sobre él. Nunca hubo ocasión de hacer uso de aquellos conocimientos, pero ella quedó satisfecha sabiendo que poseía dicho poder, por si llegaba a ser necesario.

Isis y Neftis las diosas en duelo

Isis y su hermana Neftis, cónyuge de Set, vigilaban el cuerpo de su hermano Osiris en forma de gavilanes. Era costumbre que, en los funerales, dos mujeres desempeñasen el papel de Isis y Neftis y se lamentaran ante el cadáver momificado.

Neftis amaba a Osiris y, según una tradición tardía, el dios Anubis era hijo de ambos.

Las dos diosas lloraron la muerte de Osiris y rogaron que su espíritu regresase.

Según cierto relato, Isis declara:

> «Te llamaré mientras
> tenga vista, clamaré a los
> cielos. No vienes a mí, tu
> hermana, a la que amaste
> sobre la tierra.»

En un papiro fechado en h. 1100 a. C. aparecen Osiris, el dios creador Ptah y Sokar, un dios funerario, como una sola deidad. Isis y Neftis protegen su trono.

La piel de animal que cuelga de un poste es uno de los emblemas de Anubis, dios del embalsamamiento.

Isis la viuda fiel

Isis, consorte de Osiris, desempeñó un papel importante en la mitología egipcia desde época temprana. Rescató el cuerpo de su esposo y se sirvió de sus poderes mágicos para reavivarle durante el tiempo suficiente para concebir un hijo: se transformó en gavilán y agitando el aire con sus alas le insufló el aliento vital. Según otra versión del mito, Isis quedó preñada de un fuego divino.

Al saber que estaba embarazada, Isis corrió a las marismas del delta del Nilo para ocultarse de su hermano Set, que sin duda intentaría causarle algún daño o incluso matar al niño. Dio a luz un hijo divino, Horus, en la localidad de Chemis, cercana a Buto, y allí lo crió, protegida por varias deidades, como Sel-ket, la diosa-escorpión, y esperó hasta que Horus tuvo edad para vengar a su padre.

El culto fue traspasando las fronteras de Egipto en el transcurso del tiempo. A finales del siglo I o principios del II d. C., el griego Plutarco escribió una versión del mito de Isis y Osiris según la cual Osiris era un rey de Egipto que recorrió el mundo enseñando a la humanidad la agricultura y las artes. Set sentía celos de su hermano y conspiró con sus seguidores para destronarlo.

Mandó construir un hermoso cofre con las medidas de Osiris y en el transcurso de una fiesta anunció que se lo regalaría a quien encajase exactamente en su interior. Osiris se tendió dentro y comprobó que encajaba perfectamente; Set y los demás conspiradores clavaron la tapa y la sellaron con plomo fundido. A continuación arrojaron el ataúd al Nilo, que siguió por el Mediterráneo y fue a parar al Líbano. Isis lo recuperó y lo llevó a Egipto y sólo lo dejó cuando fue a ver a Horus a Buto.

Una noche, mientras Isis estaba ausente, Set fue a cazar al delta y encontró el ataúd. Lo abrió, dividió el cuerpo de Osiris en catorce pedazos y los desperdigó por todo Egipto. Isis enterró cada trozo en el mismo sitio en que lo encontró, pero no pudo recuperar el pene, porque se lo había comido un pez, razón fundamental por la que, según Plutarco, los sacerdotes egipcios no comían pescado.

Isis en el Líbano

Alrededor del año 100 Plutarco escribió una versión del mito de Isis y Osiris según la cual, al enterarse de que Set había traicionado y asesinado al rey, Isis buscó por todas partes el cuerpo de su esposo. Fue a Biblos, en el Líbano, al oír el rumor de que quizá se encontrase allí.

El ataúd llegó arrastrado por las aguas hasta Biblos y se quedó enganchado entre las raíces de un arbolito, que creció tanto y se hizo tan bonito que lo cortaron para colocarlo como columna en el palacio real de la ciudad. Isis fue al palacio y se sentó en un patio, llorando.

Se ganó las simpatías de las camareras reales trenzándoles el pelo y rociándoles perfume en la piel, y la reina de Biblos designó a la diosa niñera de su hijo pequeño. Isis lo amamantó con un dedo en lugar de con el pecho, y se encariñó tanto con él que decidió concederle vida eterna, para lo cual lo colocó sobre una hoguera que consumiría su mortalidad.

Mientras el príncipe yacía en la hoguera, Isis se transformó en golondrina y voló alrededor de la columna que había sido árbol. La reina de Biblos oyó sus lamentos y entró en la habitación, y al ver a su hijo quemándose gritó, con lo que el hechizo no llegó a completarse. Entonces Isis reveló su identidad y le pidió que cortasen la columna para ver su interior. Cuando el ataúd de Osiris quedó al descubierto Isis emitió tal gemido de dolor que causó la muerte del príncipe.

Horus y Set

Set se había proclamado rey, e Isis, ahora con su pequeño hijo Horus, se ocultó. Cuando Horus llegó a la edad viril, desafió a su malvado tío Set para recobrar el trono de su padre. Las diferentes batallas que ambos protagonizaron, conocidas como las Contiendas de Horus y Set, figuran e ilustran largos textos y relieves de los muros del templo de Horus en Edfu -uno de los templos mejor conservados y completos del antiguo Egipto-.

En las tallas de los dos dioses luchando entre sí, Set suele ser representado como un pequeño hipopótamo macho que está siendo herido con la larga lanza de Horus. (Mientras que el hipopótamo macho era la personificación del mal en el antiguo Egipto, la hembra, en cambio, se asociaba con la diosa Taurt y era muy venerada por las mujeres como protectora de los partos.)

En un determinado momento, cuando Set encontró a Horus dormido en el desierto (que era el dominio de Set), le cegó los ojos, que en mitología representan al sol y la luna. No obstante, la diosa Hathor (asimilada a Isis a menudo en la mitología egipcia tardía) le devolvió la vista bañando los ojos dañados con leche de gacela.

El ojo de Horus (el udjat) se convirtió en uno de los amuletos protectores más poderosos de Egipto; los niños lo llevaban al cuello o en un brazalete y engastado en bellas alhajas, como por ejemplo en la que se halló en la momia del joven faraón Tutankamón.

Al final, los dioses se cansaron de sus continuas luchas, y Horus y Set fueron conducidos ante el Consejo de los Dioses para exponer su caso y que éstos, presididos por Ra, dirimieran el caso en favor del uno o del otro. La causa llevó varios años. Las decisiones fueron revocadas en varias ocasiones, hasta que primero Set y después otros dioses profirieron amenazas terribles; no fue a la zaga Osiris, que alegó que, si no se fallaba rápidamente en favor de su hijo Horus, soltaría a sus crueles mensajeros con cabeza de perro, que no temían a ningún dios. Los dioses fallaron finalmente en favor de Horus como rey legítimo.

Su padre, Osiris, cuyo cuerpo hecho pedazos había sido embalsamado por el dios con cabeza de chacal Anubis, fue confirmado como dios de los muertos. Set fue desterrado al desierto, ámbito del mal, y declarado dios de las tormentas. En adelante, al faraón reinante se lo reconoció como dios Horus sobre la tierra y a su muerte pasaba a ser dios entre los dioses.

Un amuleto con el ojo de Horus, el udjat, hecho de cerámica vidriada, puede que fuera llevado con el objeto de preservar la salud y la fortuna de su portador.

Horus

Horus, hijo de Osiris e Isis, era tenido como el hijo obediente que vengó el asesinato de su padre.

El faraón se identificaba en la tierra con este dios: la tercera de las cinco advocaciones del faraón era la de "Nombre Dorado de Horus", y a él lo llamaban el "Horus viviente".

Por ser un dios halcón, era el Señor del Cielo y adoptó la forma de un ave, pero también podía ser visto como un niño pequeño amamantado en el regazo de su madre Isis.

Su templo principal era el de Edfu, al sur de Luxor, y es uno de los templos mejor conservados del antiguo Egipto, si bien su actual estructura corresponde a la época tolemaica (griega) de la civilización egipcia.

Horus y Set: la lucha por el trono de Osiris

El enfrentamiento entre Horus y Set, en ocasiones violento, constituye un elemento fundamental de la mitología egipcia. En las primeras versiones de este mito, Set y Horus aparecen como hermanos, pero más adelante se los consideraba tío y sobrino. Tras la muerte de su hermano Osiris, padre de Horus, Set se apoderó del trono y Horus se presentó ante un tribunal divino presidido por Geb o Ra para reclamar la sucesión. Shu y Thot declararon que era

Horus, no Set, quien tenía derecho a reinar.

El dios del sol se enfadó porque no le habían pedido su opinión y se negó a aceptar la sentencia. Uno de los dioses le insultó y el dios del sol se retiró a su tienda, todo mohíno. Más tarde, de mejor humor, les dijo a Set y a Horus que defendieran sus reclamaciones por sí mismos. Set aseguró que merecía ser rey porque sólo él poseía fuerza suficiente para defender la barca del sol. Varios miembros de la Eneada le apoyaron, pero Isis les convenció de que cambiaran de idea.

Set se negó a proseguir el juicio en presencia de Isis y el dios del sol accedió a que el consejo se reuniese en una isla. Se ordenó al barquero divino, Nemti, que no llevara a Isis, pero la diosa se disfrazó de anciana y sobornó a Nemti con un anillo de oro. Al llegar a la isla se transformó en una muchacha de gran belleza, para que Set la deseara, y le pidió ayuda: le contó que era la viuda de un vaquero y que un desconocido le había robado el ganado de su hijo. Set le respondió que era una verdadera injusticia que un muchacho se viera despojado de la herencia de su padre. Isis se convirtió inmediatamente en gavilán y voló hasta la copa de un árbol, desde la que le dijo a Set que se había condenado con sus propias palabras.

Set se quejó a la Eneada por este incidente y los nueve dioses le cortaron a Nemti los dedos de los pies como castigo. Set retó a Horus a una prueba de fortaleza, consistente en que ambos se transformaran por turnos en hipopótamos e intentaran permanecer bajo el agua durante tres meses. Horus accedió, pero como Isis temía que perdiera su hijo, hizo un arpón de cobre y lo lanzó al agua. Primero golpeó a Horus por error y después a Set, que pidió clemencia.

La diosa se apiadó de él y lo dejó marchar. Encolerizado, Horus salió del agua, le cortó la cabeza a su madre y huyó con ella a las montañas del desierto. Isis se transformó en estatua de piedra para disfrazarse y regresó a la asamblea de los dioses, pero Thot la reconoció. El dios del sol ordenó a la Eneada que castigara a Horus por lo que le había hecho a su madre. Después Set lo encontró dormido y le sacó los ojos, pero la diosa Hathor le devolvió la vista al joven dios con la leche de una gacela.

Después de que Horus hubiera pedido justicia una vez más, los dioses escribieron una carta al difunto Osiris, que les respondió preguntándoles por qué se había privado a su hijo de su herencia y los amenazó con enviar a los demonios de los infiernos al reino de las divinidades. El rey del sol accedió por fin a que Horus fuese rey, obligaron a Set a que aceptase la sentencia e Isis se regocijó al ver a su hijo coronado. El dios del sol llamó a Set para que viviera con él en el cielo y lo convirtió en dios de las tormentas.

El ojo de Horus

En un amuleto de fayenza se representa el ojo de Horus o Uedjat: *el Completo.*

Como dios del cielo, Horus adoptaba la forma de halcón: su ojo derecho era el sol y el izquierdo la luna.

En el transcurso de un terrible combate, Horus hirió a Set en los testículos y éste a Horus en uno o ambos ojos. Según otra versión, Set, en forma de cerdo negro, arrancó y se tragó el ojo de la luna de Horus y lo hizo pedazos.

Thot, dios de la luna, buscó el ojo en la oscuridad, encontró los trozos y lo recompuso mediante la magia.

Después, con la luz del ojo de Horus se devolvió la vida a Osiris en los infiernos.

Horus, se le representa como hombre con cabeza de balcón, conduciendo el alma del escriba Ani hacia Osiris.

El dios lleva ropajes de rey y la doble corona del Alto y Bajo Egipto.

Los seguidores de Set

Los egipcios representaban a Set como animal mítico, en parte asno salvaje y en parte cerdo u oso hormiguero.

Sus dominios eran el desierto y se asociaba con él a la mayoría de los animales de esta región, como bueyes y burros, porque se utilizaban para la trilla de la cebada y pisoteaban el cuerpo de la víctima de Set, Osiris, padre de Horus, que se encontraba en el grano.

Horus condenó a estas bestias a que las apalearan eternamente. Una serie de mitos localizados en el norte del Alto Egipto tratan sobre los conflictos entre los seguidores humanos de Set y los aliados de Horus.

Set intentaba continuamente maltratar el cuerpo de Osiris adoptando la forma de diversos animales. En cierta ocasión se transformó en pantera, pero Thot recitó unos ensalmos mágicos contra él y Set cayó al suelo.

Anubis lo ató, lo marcó con un hierro y lo despellejó. Sus seguidores intentaron rescatarlo, pero Anubis los decapitó.

Set se recuperó de sus heridas y reunió a otros seguidores en las montañas del desierto, pero Isis se volvió contra él. Set se transformó en toro, Isis en perro con un cuchillo en el extremo de la cola y lo persiguió y la diosa Hathor en serpiente venenosa que picó a los seguidores de Set, cuya sangre tiñó de rojo las montañas.

Set, el más fuerte de los dioses, defendía La barca solar de la serpiente Apep.

Mito solar: ciclo eterno de la renovación

El dios del sol fue la principal deidad egipcia en la mayoría de las épocas. E! mundo estaba organizado según dos principios interdependientes: la aparición y acciones del creador y el ciclo cotidiano del sol a través del cosmos, un cosmos que, en lo esencial, se identificaba con Egipto.

Todos los días, al amanecer, nacía el dios del sol de la diosa del cielo. Llegaba a la madurez a mediodía, a la vejez por la tarde y al caer la noche entraba en e. infierno. Cada día, mes y año, así como el reinado de cada monarca, renovaban la creación del mundo, y esta constante renovación llevaba implícita una continua amenaza, visión pesimista que aparece en ciclos de himnos al dios del sol y en composiciones que describen su tránsito por los infiernos, todos ellos destinados a contribuir al mantenimiento del orden de las cosas. El dios viajaba en una barca y le servían innumerables seres, entre ellos los difuntos bienaventurados. Sólo se representaban unos cuantos, aspectos del ser del dios del sol o deidades que conducían y defendían la barca. Los eternos adversarios del dios, encabezados por la gigantesca serpiente Apep, trataban de impedir que transitara por el cielo y el infierno.

La creación entera aclamaba el nacimiento del sol, y esta bienvenida sustentaba el tránsito del dios del sol. Algunas tradiciones se centraban en la benevolencia esencial del dios, y los textos que lo presentaban a está luz proporcionaron el punto de partida de las ideas religiosas monoteístas del faraón Akenatón.

Dios del sol, travesía nocturna y las estrellas

Los antiguos creían que el dios del sol atravesaba los infiernos en su travesía nocturna, ilustrada en los voluminosos Libros de los Infiernos que están inscritos en los enterramientos reales del Imperio Nuevo con el fin de que el faraón pudiera unirse al ciclo solar en la vida de ultratumba.

Los Libros de los Infiernos están divididos en las doce horas de la noche, cada una de las cuales se centra en el dios sol en su barca, rodeado por los seres que habitan esa región. En una composición aparecen unas mil figuras: los difuntos bienaventurados, los demonios y deidades de la región y los condenados, que sufren tormentos infinitos. Cuando el dios del sol pasa por allí, saluda a los seres de cada hora, que le dan la bienvenida y reviven con la luz que irradia la divinidad.

Las descripciones son muy detalladas y ofrecen las dimensiones de los espacios que recorre. Su barca suele navegar por un sendero de agua, pero en cierto momento se desplaza por arenas sin fin, remolcada por una manada de chacales.

Algunas composiciones representan al dios sol, en

mitad de la noche, descendiendo a las regiones más profundas de los infiernos y fundiéndose con el señor de ese mundo, Osiris. La imagen lleva las leyendas «Ra, que descansa en Osiris» y «Osiris, que descansa en Ra». Pero, mientras que Ra podía vincularse con Amón para dar una deidad con un solo nombre (Amón-Ra), Ra y Osiris presentaban diferencias fundamentales. Su breve asociación desembocaba en la renovación diaria, pero no era permanente.

El dios del sol tenía que luchar en el transcurso de la noche con su peor enemigo, la serpiente Apep, pero en las últimas horas penetraba en una serpiente de la que salía rejuvenecido y renacía el alba. El ciclo del sol se conmemoraba a diario en muchos templos, no sólo en los santuarios solares. Los sacerdotes celebraban el culto dentro del edificio y en el exterior se sabía poco de él.

Los puntos esenciales del culto se mantenían en secreto y se conocen gracias a ciertos testimonios a partir de 1100 a. C. y de época posterior. Se ocultaba el significado último de gran parte del ciclo solar. Un texto dice que el faraón, en calidad de sumo sacerdote, «conoce» ocho cosas sobre el sol naciente, entre ellas las «palabras que pronuncian las Almas de Oriente», los mandriles, animales que suelen chillar al amanecer. Sólo el faraón conocía el significado oculto de sus chillidos.

El dios del sol adoptaba múltiples formas durante

su ciclo diario. Como dios de la mañana, podía ser un niño, pero por lo general era un escarabajo, Khepra. Este animal, que empuja una bola de estiércol de forma comparable a la del sol, simbolizaba la regeneración, el renacimiento y la transformación. A mediodía, el dios del sol se presentaba como Herajti-Ra, «Ra, Horus del horizonte», y se le representaba con frecuencia como una figura humana con cabeza de halcón rematada por un disco solar. Herajti era un dios antiguo, y la idea de un halcón que atravesaba el cielo en una barca se conocía desde la I dinastía. Herajti-Ra era el nombre más utilizado en los mitos sobre el papel del dios en la tierra.

El sol vespertino era Atón o Atón-Ra, con forma humana y la doble corona que llevaban los faraones. Su forma nocturna, con cabeza de carnero, era simplemente una figura pictórica sin nombre específico, pero se le denominaba «Carne (de Ra)», nombre que implica que la imagen era un vehículo para la presencia del dios del sol aunque no se lo identificara estrictamente con él.

Había otros dioses asociados a los cielos, y algunas deidades importantes a las estrellas o los planetas: Thot era la Luna; Set, Mercurio; y Osiris la constelación de Orión. Los mitos de la Eneada se representaban en los complejos movimientos de los cuerpos celestes, sobre todo los que cruzan la zona de los cielos por la que pasa el sol o que, como

Venus, anuncian el amanecer.

Nombre secreto de Ra: libro de Thot

Para los egipcios, la magia poseía gran valor, en este mundo y en el otro, como medio para anticipar e impedir las desgracias. En algunos conjuros mágicos se narran episodios míticos, y se recitaban mientras el paciente, a quien se identificaba con el protagonista del mito, ingería una medicina o se la aplicaban al cuerpo. Los himnos mágicos se dirigían a los dioses, cuyos verdaderos nombres se mantenían en secreto porque constituían una fuente de poder mágico.

Un relato, que forma parte de uno de estos conjuros mágicos, cuenta que Isis descubrió el nombre divino más secreto, el del dios del sol, Ra, que se estaba haciendo viejo y a veces babeaba. Isis vio dónde caía su saliva, la mezcló con arcilla y formó una serpiente, a la que dio vida y después dejó junto al camino por el que solía pasear el dios del sol.

Cuando Ra pasó por allí, la serpiente le picó y desapareció. El dios sintió de inmediato un dolor terrible, pues el veneno se extendía por su cuerpo. A sus gritos acudieron los nueve dioses y les dijo que le había herido algo que él no había creado. Isis prometió curarlo si revelaba su verdadero nombre, a lo que Ra respondió que era el creador cuyo nombre era Khepra al alba, Ra a mediodía y Atón por la tarde. Isis protestó, pues no había pronunciado su verdadero nombre.

Como aumentaba el dolor y Ra no podía soportarlo, abrió su corazón a Isis y le dijo su nombre secreto. La diosa sacó el veneno pronunciando el verdadero nombre de Ra y le curó, prometiendo que no transmitiría el poder del nombre secreto a nadie, salvo a Horus. En el conjuro no aparece el nombre.

Bes era una de las numerosas deidades de aspecto monstruoso que protegían de las desgracias. Su imagen aparecía en diversos motivos ornamentales, sobre todo en objetos pequeños de uso doméstico o que servían de amuletos.

La magia de Thot

Thot, dios de la luna, que se representaba en forma de mandril, ibis u hombre con cabeza de ibis, tenía un vínculo especial con el conocimiento secreto de la magia. Su principal centro de culto estaba en Khemenu, Heliópolis para los griegos, quienes lo identificaban con Hermes.

El relato siguiente se escribió en época ptolomaica.

Un príncipe llamado Setna Khaemuese oye decir que un libro de magia escrito por Thot está enterrado en una antigua tumba cerca de Menfis. Irrumpe en la tumba y se encuentra con unos fantasmas, que le cuentan que Thot los mató por haber robado su libro de magia, que se encontraba en un cofre en el fondo del Nilo. Setna hace caso omiso de la advertencia, vence a los fantasmas con poderosos amuletos y se apodera del libro de Thot.

A continuación se topa con una mujer muy bella de nombre Tabubu que le seduce, pero antes de permitirle a Setna que le haga el amor, le exige que le dé todas sus riquezas y que mate a sus propios hijos. El príncipe accede, pero en cuanto se abrazan se ve solo y desnudo en medio de un camino.

Después descubre que sus hijos están sanos y salvos y que la hermosa mujer era un simple fantasma. Prudente, decide devolver el libro de Thot.

Serpientes y escorpiones

Serpientes y escorpiones suponían algo más que peligros cotidianos: encarnaban las potencias del caos que amenazaban el orden del mundo. Al igual que otros seres a los que se consideraba enemigos, por lo general vivían en el desierto y la persona a la que mordían o picaban quedaba expuesta a riesgos preternaturales.

Existe un texto literario que ilustra el vínculo de las serpientes con los márgenes del cosmos. Habla de un funcionario del gobierno cuyo barco naufraga en el mar Rojo y llega a una isla fabulosa. Oye un terrible estrépito y ante él aparece una enorme serpiente, posiblemente con cabeza humana. Sin duda se trataba de un dios, y el hombre se desmayó de la impresión. La serpiente lo cogió con la boca y lo llevó a un lugar seguro, donde el hombre le contó que todos sus compañeros de viaje habían perecido en el naufragio, y la serpiente le contó a su vez que un día, al volver a su casa, encontró a las 74 serpientes que componían su familia reducidas a cenizas por la acción de una estrella fugaz y que se encontraba completamente sola.

La historia desprende una moraleja de resignación: que se deben soportar las pérdidas con fortaleza. Pero el número 74 posee un significado más profundo: se refiere a las 74 manifestaciones del dios del sol que se consumieron en el holocausto final de la creación. La forma serpentina del dios vive en un mundo más allá de la creación, y al encontrarse con él, el viajero se situaba fuera del tiempo.

Si se podían dominar las serpientes y los escorpiones en este mundo, resultaban beneficiosos. Hubo dos reyes que se llamaban Escorpión y Serpiente, pero en época posterior los poderes de estos seres empezaron a asociarse fundamentalmente con diosas, a las que podía designarse con el jeroglífico de una serpiente. La principal diosa-escorpión era Selket, protectora de los nacimientos y de los cadáveres momificados durante el enterramiento. Algunas diosas-serpientes se asociaban con lugares en las que abundaban estos animales; Renenet, diosa de la cosecha, con los sembrados y graneros, y Mertseger, diosa de la Cumbre Tebana, con el desierto.

Conjuros para sanar envenenamiento

Había multitud de conjuros mágicos para combatir las heridas producidas por serpientes y escorpiones, que no podían tratarse médicamente. Algunos iban acompañados por narraciones de mitos en los que aparecían estos animales.

En uno de ellos se cuenta que Isis huyó del taller en el que la había confinado Set para que tejiese una mortaja para Osiris y que se dirigió a Chemis, donde criaba en secreto a su hijo Horus, escoltada por siete escorpiones, a los que ordenó que fueran discretos. Al aproximarse a una población, una mujer rica vio el extraño cortejo y cerró la puerta de su casa. La mujer de un pescador acogió a Isis, pero los escorpiones se ofendieron por la actitud de la mujer rica hacia Isis y uno de ellos se deslizó en su casa, picó a su hijo y el veneno provocó un incendió en la vivienda.

La mujer recorrió las calles, gimiendo angustiada, e Isis formó una tormenta para que extinguiese el fuego. Se apiadó del hijo de la mujer que, por implicación, se identificó con su propio hijo, Horus, pronunció un conjuro mágico y curó al niño, cuya madre lamentó haberle cerrado su puerta a la diosa. Arrepentida y agradecida, entregó sus bienes a la mujer del pescador.

Esta historia tiene un fuerte sabor moralizante y subraya el hecho de que la generosidad conlleva su recompensa y que se encuentra más fácilmente entre los pobres y marginados que entre los ricos. La tormenta, casi antinatural en un país sin lluvias como Egipto, muestra que el orden de las cosas puede perturbarse gracias a un acontecimiento desfavorable. Algunos conjuros mágicos incluso presentan la amenaza de que el sol deje de aparecer y que las estaciones no se sucedan si no se obtiene el efecto deseado.

Neith

En muchos casos, las diosas de la mitología egipcia inspiran más temor que las deidades masculinas y envían la guerra o la destrucción contra quienes las encolerizan.

Entre ellas destaca Neith, la Gran Madre, cuyo principal centro de culto se encontraba en Sais.

Se le asociaba con la guerra y la caza y su símbolo era un escudo con dos flecha cruzadas.

También era una deidad creadora, que surgió del Nun para crear a dioses y hombres, y al escupir en aquel abismo acuoso, de su saliva nació Apep, la serpiente del caos. Era asimismo madre de Sobek, el dios-cocodrilo.

En el enfrentamiento entre Horus y Set, los dioses escriben a Neith para pedirle consejo y la diosa responde con la amenaza de provocar el derrumbamiento del cielo si no se aceptan sus recomendaciones.

Sekhmet y Bast

Sekhmet («la Poderosa») era una diosa-leona terrorífica. El dios del sol le ordenó que matara a una humanidad rebelde, y en ocasiones se sacrificaba a delincuentes en su honor. Las enfermedades contagiosas eran sus emisarias y sus sacerdotes actuaban como médicos.

Había otras diosas menos imponentes, si bien con una influencia igualmente importante: Bast, por ejemplo, otra deidad felina, diosa del amor, el sexo y la fertilidad. Diosa-leona en sus orígenes, a partir del II milenio a. C. se la empezó a representar en forma de gata.

La gata y la leona

En este mito, el ojo de Ra, identificado con la diosa Hathor, se va a vivir a Nubia, al sur de Egipto. En el relato se manifiesta bajo dos formas felinas: Sekhmet, la diosa-leona, y Bast, la diosa-gata.

El ojo de Ra se peleó con su padre y se retiró al lejano desierto de Nubia. Thot se dirigió hacia el sur en su busca, disfrazado de mandril (en principio, era Shu o un dios guerrero llamado Anhur, «el que trae a la Distante», quien perseguía a la diosa, pero en época posterior se atribuyó este papel a Thot). La encontró bajo la forma de diosa-gata e impidió que le atacase contándole una historia. Después le habló de Egipto, para que la diosa sintiera nostalgia, pero ella comprendió la estratagema y se transformó en rugiente diosa-leona.

Thot la calmó contándole más cuentos, le prometió ofrendas en todos los templos de Egipto y la convenció de que fuera con él al norte. Cuando llegaron a la frontera, la diosa fue recibida pos: una. multitud jubilosa, Una serpiente del caos intentó matarla mientras dormía, cerca de Tebas, pero Thot la despertó a tiempo. En Heliópolis se reunió con Ra y se convirtió en Hathor.

En una figura de bronce de la diosa-gata Bast, Época Baja, se encuentra a ésta junto a unos gatitos que simbolizan el papel de Bast como deidad de la fertilidad, en cuyo honor se celebraba anualmente un festival en el templo de Bubastis consagrado a ella.

Anat

En una carta dirigida a la asamblea de los dioses en el transcurso del enfrentamiento entre Horus y Set, Neith sugería que se le concediesen a Set dos diosas extranjeras, Anat y Astarté.

En compensación por haberle cedido sus derechos al trono a Horus, circunstancia que podría implicar que Set no era digno de casarse con una diosa egipcia.

En otra narración de un texto de magia se cuenta que Set se abalanzó sobre Hathor mientras la diosa se bañaba en el río, como un carnero, y la violó.

La semilla fértil voló de la diosa a la frente de Set, que se puso enfermo, porque Hathor era la prometida del sol nocturno y sólo el ruego divino podía dejarla preñada. Anat, esposa de Set, corrió a pedir ayuda a Ra, e Isis recuperó la semilla divina y curó a Set.

Astarté y Taueret

Astarté

La otra esposa extranjera de Set, aparece en un mito en el que los dioses egipcios se hallan enfrentados con la deidad del mar. Ptah y la Eneada se vieron obligados a rendir tributo al mar.

Renenutet

Llevó oro, plata y lapislázuli a la orilla, pero el insaciable mar quería aún más y amenazó con esclavizar a los dioses de Egipto si no recibía más tesoros. Renenutet envió un pájaro a la casa de Astarté con el mensaje de que llevara su tributo al mar y la diosa se echó a llorar.

Llevó su parte del tributo a la orilla, pero al llegar a

su destino se puso a cantar y a burlarse del mar, que exigió que le entregasen a la propia Astarté. La celia diosa se presentó ante la Eneada, que le dio varias joyas, entre ellas el collar de Nut y el sello de Geb.

Astarté fue a la orilla con las joyas, pero acompañada por un Set dispuesto a luchar contra el mar. No se conserva el final de la narración, pero lo más probable es que Ser venciera al mar con su fuerza y que salvase a Astarté.

Diosas extranjeras en Egipto

Al final del II milenio a. C. se incorporaron varias diosas de Siria y Palestina al panteón egipcio, entre las que destacan las siguientes:

Anat

Diosa guerrera, normalmente se la representaba con escudo, lanza y hacha. En Siria, era la hermana y amante de Baal, adorado en Egipto bajo la forma de Set. En la mitología egipcia, Anat era hija de Ra. Vestía como un guerrero varón, pero era asimismo una diosa-vaca.

Astarté

Otra diosa guerrera, cuyo equivalente en Mesopotamia era Istar. En Egipto, era hija del dios del sol o de Ptah. Aparecía como una mujer desnuda con armas y a veces se la representaba en forma de caballo.

Kudshu

Consorte de Min, dios de la fertilidad egipcio, a veces se la presentaba en la forma de Hathor. Aparecía como una mujer desnuda a lomos de un león, con serpientes y flores de loto.

Hathor y Taueret

Hathor, protectora de los amantes, era una de las deidades egipcias más complejas, y su templo principal se encontraba en Dendera.

Al igual que Taueret, protegía a mujeres y niños y se le asociaba con la muerte y el renacer.

Hathor ayudaba a las mujeres a concebir y dar a luz. Crió a Horus en forma de vaca, en Chemis.

Recibía a las almas en el inframundo y les daba de beber y de comer. Taueret ayudaba a los muertos a renacer en el Nun. P

odía presentarse como una bestia temible, parte hipopótamo, parte león y parte cocodrilo.

Como Set podría adoptar forma de hipopótamo, a veces se la consideraba su consorte, y cuando la pierna del dios fue lanzada al cielo, Taueret evitó que causara más daños.

Hathor y Taueret, identificadas con una vaca divina, la Gran Inundación, a la entrada de los infiernos en las montañas al oeste de Tebas. Escena del Libro de los Muertos.

El papel sagrado de los faraones

Desde el momento en el que accedía al trono, el faraón o rey egipcio desempeñaba el papel de dios.

Era una manifestación de Horus, dios del cielo, e hijo de Ra, dios del sol, y Nekhbet y Uadjet, diosas del Alto y del Bajo Egipto, respectivamente, sus protectoras.

Los títulos de un rey expresaban éstas y otras conexiones familiares, y el nombre que adoptaba en el trono, único para cada monarca, proclamaba su forma de manifestar al dios del sol: Tutmosis IV, por ejemplo, era Menkheprura, «el Duradero de las Manifestaciones de Ra».

El faraón podía ser «hijo» de cualquier deidad importante, pero en muchos casos esto significaba algo más que ocupar un lugar por debajo de la divinidad.

La idea del progenitor y el descendiente divinos se prolongaba a los representantes del faraón amamantado por el pecho de una diosa, como un niño.

Existían además numerosos relatos del monarca como descendiente del dios del sol. En su forma básica, esta deidad se presentaba como el faraón reinante y mantenía relaciones con la madre de su sucesor, quien reconocía al dios por su aroma, lo recibía y concebía tras pasar una noche juntos.

El dios creador Khnum formaba al niño con su torno de alfarero, y al parto asistían numerosas deidades. El divino padre bendecía al niño, a quien amamantaban las diosas.

Algunos faraones sobrepasaban su papel tradicional y eran deificados en vida: Amenhotep III, por ejemplo, aparecía presentando ofrendas a su propia persona deificada.

Otros monarcas eran deificados después de morir. A Senuosret III, que extendió los límites meridionales de Egipto hasta Nubia en el siglo XIX a. C, se le rendía culto en la frontera como deidad local, al igual que su hijo, Amenemhat III, en el oasis de Fayum, donde acometió numerosos proyectos para reclamar tierras.

Rudjedet y Khuíiu

El mito del origen divino de los faraones podía entretejerse con el relato de un acontecimiento histórico real.

La siguiente narración, procedente de un papiro, cuenta cómo nacieron y sobrevivieron los tres primeros faraones de la V dinastía.

Rudjedet, esposa de un sacerdote, quedó

embarazada de trillizos del dios Ra, señor de Sakhebu (cerca de Letópolis). Al enterarse, el faraón de la IV dinastía, Khufu (también conocido como Keops), que construyó la Gran Pirámide, quiso intervenir, pero no pudo llegar a casa de Rudjedet.

Ra envió a Isis y Neftis, así como a Meskhent, Heket (dos diosas del parto) y Khnum, a proteger a Rudjedet de Khufu.

Llegaron disfrazadas de músicas, asistieron al parto, dieron nombre a los tres niños y se marcharon, dejando tres coronas reales ocultas en un saco de cebada como símbolo de realeza. Cuando fueron a coger la cebada, oyeron el sonido de las celebraciones en honor de los reyes y comprendieron que los trillizos estaban destinados a ocupar el trono.

Más adelante, Rudjedet discutió con su criada, quien en venganza intentó delatarla a Khufu, pero la devoraron unos cocodrilos -animales que servían como agentes del castigo divino-, gracias a cuya intervención los niños se salvaron y sucedieron a Khufu.

Dioses y personas

En la mitología egipcia, los encuentros entre deidades y seres humanos son relativamente raros. El siguiente relato, fechado a finales del II milenio a. C, trata de dos hermanos que despiertan el interés de los dioses. Sin embargo, los dos hombres tienen nombre de dios: Anubis (el dios-chacal) y Bata (un dios-toro que era un aspecto de Set). Esta historia refleja muchos otros mitos.

Bata, que poseía una fuerza excepcional y entendía el lenguaje de los animales, vivía con su hermano mayor, Anubis, a quien ayudaba a labrar la tierra y a cuidar el ganado. Un día, mientras araban, se les acabó la semilla y Anubis envió a Bata a casa para que cogiera más. Bata encontró a la mujer de Anubis sentada en el suelo, trenzándose el cabello, y le pidió que abriera la despensa y le diera simiente. La mujer le contestó que la cogiera él, porque estaba ocupada.

Bata salió de la despensa con dos sacos de cebada y tres de trigo, y al ver lo fuerte y guapo que era su cuñado, la esposa de Anubis intentó seducirlo. Bata lo rechazó y se dirigió a los campos, enfadado. Temerosa de que Bata le contase a su hermano el intento de seducción, la mujer se frotó la piel con grasa para que pareciera que tenía señales y se acostó, simulando que estaba enferma. Cuando regresó su marido, le dijo que Bata había intentado violarla y que la había golpeado ante su resistencia. Anubis, enfurecido, afiló una lanza para matar a su hermano. Una vaca avisó a Bata del peligro y éste rezó al dios del sol, que puso un río lleno de cocodrilos entre los dos hermanos. Bata defendió su inocencia desde la otra orilla y se castró; Anubis le creyó y mató a su mujer.

Bata se fue a vivir al valle del Pino, en Siria. Ocultó su corazón en la copa del pino y se construyó una mansión. Un día, fue a verle todos los dioses de la Eneada, que se apiadó de su soledad, y Ra ordenó a Khnum que hiciera una esposa para Bata. Era una mujer de divina belleza, pero las siete diosas que pronunciaban el destino de una persona predijeron que moriría asesinada.

Bata estaba encantado con su esposa y la aconsejó que no abandonase la casa mientras él estuviera de caza porque el mar podía raptarla. La mujer le desobedeció y el mar estuvo a punto de apoderarse de ella: le arrancó un mechón de cabello y lo llevó a Egipto, donde lo encontraron los lavanderos del faraón. Se lo presentaron al monarca, que quedó cautivado por su belleza y fragancia y envió emisarios a todas las tierras extranjeras en busca de su propietaria. Bata mató a casi todos los que llegaron a su valle, pero uno escapó y contó dónde estaba la mujer. El faraón envió soldados y a una anciana, que tentó a la mujer de Bata con joyas. Esta desveló el secreto del corazón de Bata y los soldados derribaron el pino. Bata murió y su mujer fue la favorita del faraón.

Anubis fue al valle y vio el pino cortado y a su hermano muerto. Buscó durante cuatro años basta encontrar el corazón marchito de su hermano, que depositó en un cuenco con agua. Bata recobró la vida, se transformó en un magnífico toro y le pidió a

Anubis que lo llevara como regalo al faraón. En la corte, le dijo a la reina quién era, y a la siguiente vez que el faraón estaba deleitándose con ella, la mujer le pidió a su esposo que le concediese un deseo. El faraón accedió, y la mujer dijo que quería comer el hígado del toro. El faraón se enfadó, pero el toro fue sacrificado y entregaron su hígado a la reina. Mientras el animal agonizaba, dos gotas de su sangre cayeron junto a las puertas del palacio y se convirtieron en dos hermosas perseas. Al faraón le gustaron, pero la reina sabía que los árboles eran Bata y pidió que le hicieran unos muebles con la madera. Mientras los derribaban, se tragó sin querer una espina y se quedó embarazada. Tuvo un hijo que, tras la muerte del faraón, anunció que era Bata y contó su historia. Ordenó la ejecución de la reina, reinó treinta años y le sucedió Anubis.

Dioses con formas humanas en Egipto

Todas las anteriores deidades lo eran del cielo. Más populares lo fueron para los egipcios, y son más conocidas de la posteridad, las divinidades de la tierra. Entre éstas fueron las más importantes aquellas que constituyen la triada Osiris, Isis y Horo, las cuales forman una leyenda humana análoga a las fábulas de Grecia y Roma.

¿Cuál es el origen de esta leyenda?

Fre se encarnó en Osiris, bajó. a la tierra y él y sus descendientes (los Osiriadas) reinaron treinta mil años.

A Osiris se debe la conquista y civilización del valle del Nilo. Osiris inventó las ciencias y las artes y se las comunicó a los hombres. Osiris es el prototipo del monarca bienhechor. Y siempre estuvo acompañado por Thot, el escritor sagrado y confidente, el supremo sacerdote del culto osiriano.

Esposa y hermana de Osiris era Isis. Hijos de aquél, Macedo y Anubis. Hijo de Osiris y de Isis, Horo. Osiris marchó a conquistar, acompañado de Anubis y Macedo; gobernando a Egipto dejó a Isis, asesorada por Thot y Djom (el Hércules egipcio). Para los griegos, Osiris fue hermano de Apolo. Osiris sometió toda la Etiopía, encauzó el río Nilo, atravesó Arabia y llegó hasta India. En Tracia, después de haber dado muerte al rey, estableció a Marón en la cesta occidental, donde levantó la ciudad Marenea, y dejó a Macedo en una región que por él se llamó Macedonia.

En su ausencia, Tifón, dios del mal, hermano de Osiris, había intentado apoderarse de Egipto. Pero unas veces los consejos de Thot pararon la insidia, y otras los arrestos de Djom obligaron a Tifón a desistir de sus intentos. Y

a en Egipto Osiris, Tifón le invitó a un magno banquete, durante el cual logró encerrar a Osiris en un cofre y arrojar éste al Nilo, por cuya boca Tanita dió el cofre en el mar. Grandes fueron los dolores y mayores: las aventuras de Isis hasta encontrar el cofre. Ya dueña del cuerpo de su amado esposo, hace que lo embalsame Anubis y ella se dirige; a visitar a la diosa Buto, madrina y nodriza de Horo.

De nuevo Tifón encuentra el cuerpo de su hermano; lo despedaza en catorce trozos que arroja a otras tantos puntos de la isla del Delta. Nuevamente la dolorosa Isis se dirige en busca de esos pedazos amados por las siete bocas del Nilo; pero no logra encontrar sino trece trozos; le falta el órgano de la generación, que ha sido comido por los peces llamados lepidotes y oxirrincos, malditos desde entonces. Hora, inmortalizado por Hato, ya mayor, lucha y vence a Tifón y a los cómplices de éste, recobrando la corona egipcia.

Isis, segunda divinidad de la triada terrestre, viene a ser lo que entre las divinidades celestes circenses Bulo, Athor, Neith y Pooh, y en su calidad de gran madre amamanta a su hijo Horo.

Si Osiris representa al Nilo fecundante, Isis simboliza a la tierra propicia fecundada; si Osiris es el Sol, Isis es la Luna, recibiendo de aquel astro la. luz y el influjo.

Hora —llamado también Uro, Or, Ar— fue le, tercera divinidad de la triada terrestre. Vengador y sucesor de su padre, fue mirado como el propio Osiris, y en concepto de tal se le tributaron idénticos honores.

Osiris era el Sol que muere -cada día; Horo, el Sol que cada día nace. Los griegos, que consideraron a Horo como a su dios Apolo, dieron a aquel dios una hermana gemela, Bubasti, a semejanza de Artemisa, hermana gemela de Apolo. Anubis fue hijo de una involuntaria unión de Osiris con Nef té, espesa de Tifón. La piadosa Isis perdonó a Osiris y recogió a Anubis, educándolo al lado de Horo.

Anubis, por haber embalsamado el cuerpo de Osiris, fue considerado como el dios que presidía el paso de la vida a la muerte; cuando llegaba la hora suprema en que el alma abandonaba su cuerpo, Anubis depositaba a éste en el ataúd y llevaba al alma a las silenciosas y fantásticas regiones del Amenti. Anubis moraba en la Enea fatal que separa el imperio de la luz del reino de las sombras, y era. representado—por su fidelidad en la guarda—con cabeza de perro. Macedo, otro hijo de Osiris, tenía cabeza de lobo. En el ejército de Osiris iba a la vanguardia, emblema ele la impetuosidad. Anubis, a la retaguardia, emblema de la vigilancia.

Tifón, hermano de Osiris y de Isis, personificaba todo lo funesto o maligno. En lo físico era la debilidad extrema, todas las formas monstruosas o contrahechos. En lo moral, prototipo del vicio, de la envidia, de la ambición, de la. hipocresía, de la rebelión, de la calumnia. Los egipcios le creían el mar inmenso y tenebroso que se tragaba las aguas fecundantes del sagrado Nilo. Le estaban consagrados el verraco, el escorpión y. en general, todos aquellos animales cuya apariencia había tomado para realizar sus fechorías. Así, el cocodrilo, ya que para huir de la venganza de Hora se transformó en horrible saurio.

Thot, emanación del Thot celeste que ya he mencionado, era una deidad terrestre, el prototipo del sacerdote y del sabio. El fue quien dió a Isis los cuernos de vaca en sustitución de la diadema que le había quitado Horo. Se le atribuye la invención de la aritmética y del alfabeto, de la música, del comercio, de la moneda, de la lira de tres cuerdas.

Djom, que entre las deidades celestes representaba. funciones de ejecutor de la justicia, entre las terrestres desempeñaba un carácter eminentemente guerrero. Hércules egipcio, era el encargado de mantener la paz y defender la tierra contra los enemigos de los dioses. Sate o Na era la diosa de la verdad y de la justicia.

Suan, diosa de los partos; Besa, diosa de los oráculos dados por medio de cartas cerradas.

Salete, diosa e hija del Nilo; Ambo, la Isis subterráneo, diosa de los infiernos; Anuke símbolo del fuego celeste.

De tal suerte, el pueblo egipcio, que empezó adorando a un solo dios, que después multiplicó sus dioses, que llegó a adorar a los animales y hasta a las plantas, volvió al punto de partida de sus creencias, adorando nuevamente a un solo dios, en el que resumía y compendiaba sus pasadas idolatrías.

Setna Khaemuese e Imhotep

El ba era el aspecto espiritual de un individuo, por lo general representado como un ave con cabeza humana. El ba de un difunto podía moverse por los infiernos y volver a la tierra de día.

Por lo general, los héroes humanos de los relatos egipcios no son guerreros, sino magos o maestros-sacerdotes, hombres que estudiaban los libros de magia que se guardaban en los templos.

En un papiro fechado a mediados del II milenio a. C. aparecen varias narraciones sobre sus hazañas mágicas: por ejemplo, un maestro-sacerdote dio vida a un cocodrilo de cera para que matara al amante de su mujer, y otro mago, un simple aldeano, domesticó un león y volvió a unir la cabeza con el cuerpo de un ganso decapitado.

El ciclo sobre el príncipe Setna Khaemuese, de época posterior, cuenta la rivalidad entre los sacerdotes-magos de Egipto y los hechiceros de Nubia. El auténtico Setna Khaemuese era hijo de Ramsés II (h. 1279-1213 a. C), y en calidad de sumo sacerdote de Ptah estudió y restauró varias pirámides y enterramientos de Giza, actividades que debieron de granjearle fama de mago.

Según este ciclo, un jefe nubio desafía al faraón a encontrar a un hombre capaz de leer una carta sin abrirla. Lo consigue Siosire, el joven hijo de Setna, y la carta dice lo siguiente: «Hace mucho tiempo, el hechicero de un rey nubio dio vida a cuatro figuras de cera que secuestraron al monarca egipcio y le propinaron quinientos golpes antes de devolverle a su palacio.

La humillación fue vengada por un egipcio llamado Horus, hijo de Paneshe, que trató del mismo modo al rey nubio y después venció al hechicero nubio en una competición de magia y le desterró de Egipto durante 1.500 años.»

Una vez leída la carta, el jefe nubio declara que él es el hechicero, que ha regresado para vengarse y Siosire revela que él es Horus, hijo de Paneshe. El egipcio derrota al nubio y vuelve a los infiernos.

Imhotep y la hambruna de siete años

En los mitos aparece una persona real, Imhotep, ministro y arquitecto del faraón Yoser en el siglo XXVII a. C.

Según la tradición, era hijo de Ptah y de una mujer. El siguiente relato proviene de una inscripción cerca de Asuán, supuestamente un decreto de Yoser, pero que en realidad fue escrita por los sacerdotes de Khnum alrededor del siglo II a. C.

Durante siete años, el Nilo no creció lo suficiente como para irrigar los campos.

Como los súbditos del faraón Yoser estaban a punto de morir de hambre, el monarca consultó a Imhotep, el principal maestro-sacerdote, sobre la causa de que la inundación fuera insuficiente e Imhotep descubrió que Hapi, el espíritu de la crecida, vivía en unas cavernas gemelas bajo la isla de Elefantina.

Cuando llegó la época de la crecida, las juntas eran contenidas por el dios-carnero Khnum, que podía abrir las puertas de las cavernas. Al oír aquello, Yoser presentó generosas ofrendas de Khnum y aquella noche, en sueños, el dios prometió al faraón que libraría a Hapi. Una abundante cosecha puso fin a la hambruna.

También se atribuye a Imhotep la invención de la arquitectura en piedra y la autoría de libros de sabiduría. Mucho después de su muerte, se le veneraba como dios de la medicina.

Vida después de la muerte

El alma en los infiernos

En el episodio del ciclo de Setna, Siosire lleva a su padre a los infiernos para mostrarle el destino de dos hombres después de haber muerto y haber sido juzgados por Osiris: uno, un hombre cruel y rico, está condenado a tormentos eternos, y al otro, pobre y virtuoso, se le han concedido todos los objetos de la tumba del rico y es un espíritu bienaventurado.

En este texto tardío el juicio de los muertos se presenta como elemento central de la religión egipcia. En épocas anteriores, constituía uno de los múltiples peligros que debía superar el alma al llegar al paraíso conocido como Campo de los Juncos.

Los egipcios imaginaban los infiernos como un complicado paisaje de ríos e islas. desiertos y lagos de fuego. Para acceder a él, o para aplacar o vencer a los dioses y demonios que lo habitaban, el alma tenía que convertirse en héroe-mago.

A partir de finales del III milenio a. C. se grababan conjuros en el ataúd de las personas adineradas y de alto rango, y más adelante, estos conjuros pasaron a formar parte de un cuerpo de textos denominado Libro de los Muertos.

A partir del siglo XVI a. C. se enterraban rollos de papiro con selecciones ilustradas de este libro junto a los egipcios acaudalados. Se representaba a los difuntos superando los peligros de los infiernos, como los cuatro cocodrilos del Occidente.

Al entrar en el salón del trono de Osiris, el difunto tenía que declararse inocente de diversos delitos ante los cuarenta y dos jueces de los infiernos. Se pesaba el corazón (es decir, la conciencia) en una balanza, con el contrapeso de la pluma ce la diosa Maat, personificación de la justicia y la verdad.

Un monstruo femenino, la Devoradora de los Muertos, se acuclillaba junto a la balanza, dispuesto a comerse al difunto si el corazón pesaba más que la pluma.

Podía evitarse tal destino utilizando un conjuro que impedía que el corazón declarase los delitos cometidos por su dueño. Quienes superaban la prueba eran puros y se convertían en espíritus con el poder de moverse entre los dioses y en algunos casos se les invitara a unirse a los millones de seres que viajaban en la barca solar y luchaban contra Apep, la serpiente del caos.